D1993854

Kaiser Traktate

Wolfgang Huber

Der Streit um die Wahrheit und die Fähigkeit zum Frieden

Vier Kapitel ökumenische Theologie

Chr. Kaiser

Ilse und Heinz Eduard Tödt
dankbar zugeeignet

CIP-Kurztitelaufnahme der Deutschen Bibliothek

Huber, Wolfgang :
Der Streit um die Wahrheit und die Fähigkeit zum Frieden :
4 Kap. ökumen. Theologie /
Wolfgang Huber. –
München: Kaiser; 1980
(Kaiser Traktate, 52)
ISBN 3-459-01302-8

© 1980 Chr. Kaiser Verlag München.
Printed in Germany.
Alle Rechte vorbehalten. Abdruck, auch auszugsweise,
nur mit Genehmigung des Verlages.
Fotokopieren nicht gestattet.
Umschlag: Ingrid Kellner, München.
Gesamtherstellung: Georg Wagner, Nördlingen.

Inhalt

Vorwort

Die Wahrheit ist die Seele des Friedens, der Friede der Leib der Wahrheit.
(C. F. von Weizsäcker)

Dieses Vorwort schreibe ich am ersten Tag eines Jahrzehnts, dem viele mit düsteren Erwartungen entgegensehen. Sein Beginn ist durch schwere Krisen und Erschütterungen gekennzeichnet: das Flüchtlingselend in Kambodscha und Thailand, die Botschaftsbesetzung in Teheran, das militärische Eingreifen der Sowjetunion in Afghanistan sind aktuelle Beispiele dafür. Wir treten in ein Jahrzehnt ein, von dem man befürchten muß, daß der Frieden in ihm noch ernster bedroht ist als in den Jahrzehnten, die hinter uns liegen. Wir nehmen an einer Entwicklung teil, durch welche die Güter der Erde immer ungerechter verteilt, die Lebensmöglichkeiten für alle Lebewesen immer massiver bedroht und die Freiheitsrechte der Menschen immer verletzlicher werden. Die Maßstäbe unseres eigenen Verhaltens werden in vielem unsicher, die eingespielten Formen des Zusammenlebens erweisen sich als fragwürdig und zerbrechlich.
Vor welchen Aufgaben stehen Christen und Kirchen in diesem gerade beginnenden Jahrzehnt? Diese Aufgaben lassen sich in zwei Richtungen beschreiben: Vergewisserung des Glaubens und Verantwortung in der Welt. Manche neigten in den letzten Jahren dazu, diese beiden Richtungen christlichen Denkens und Handelns auseinanderzureißen; doch sie gehören unlöslich zusammen. Jede Generation von Christen muß sich von neuem darüber Rechenschaft ablegen, wie Glaubensgewißheit und tätige Verantwortung sich miteinander verbinden.
Wer sich des Glaubens zu vergewissern sucht, muß anerkennen, daß die Wahrheit dieses Glaubens unteilbar ist. Und

wer sich über seine Verantwortung in der Welt Rechenschaft ablegen will, muß sich darauf einlassen, daß diese Welt eine einzige Welt ist. Beide Einsichten werden uns in unserer Gegenwart dadurch abgenötigt, daß die Welt für uns alle spürbar zusammenwächst. Steigende Ölpreise greifen in das Leben jedes einzelnen ein; vom Elend in Kambodscha oder vom Leiden in Südafrika kann keiner unberührt bleiben. In den kleinsten Lebensgemeinschaften spiegelt sich etwas davon wider, daß sich die Verantwortung, die wir wahrzunehmen haben, im Horizont der Welt als ganzer vollzieht. Auch die kleinsten Lebensgemeinschaften von Christen können sich der Erkenntnis nicht entziehen, daß die Wahrheit, um die es dem christlichen Glauben geht, eine einzige und unteilbare Wahrheit ist.

Doch diese Wahrheit steht im Streit. Er muß ausgetragen und so überwunden werden. Das ist der Dienst, den die Christenheit der Welt schuldet. Will sie einen Beitrag zur Gemeinschaft der Menschen leisten, so muß sie in sich selbst Gemeinschaft über Grenzen hinweg möglich machen. Will sie ihrem Friedensauftrag gerecht werden, so muß sie ihre eigene Friedensfähigkeit unter Beweis stellen. Und dies tut sie nicht, weil sie sich in einem vordergründigen Sinn den Forderungen des Tages anpaßt; sondern sie tut es um ihres Bekenntnisses willen. Denn sie bekennt sich zu *einem* Herrn; sie hält sich an *einen* Glauben; sie vollzieht *eine* Taufe. Eine Kirche, die dieses Bekenntnis ernst nimmt, kann nicht anders, als *ökumenische* Kirche zu sein.

»Ökumene« ist noch immer ein Fremdwort unserer alltäglichen, aber auch unserer kirchlichen Sprache. Noch immer betrachtet man ökumenische Aktivitäten als das Hobby einiger Spezialisten. Noch immer ist von der Ökumene dann am ehesten die Rede, wenn sie Ärger macht. Auseinandersetzungen um die gemeinsame Feier des Abendmahls in ökumenischen Gemeinden oder Konflikte um politische Aktionen des Ökumenischen Rats der Kirchen erregen Aufmerksamkeit. Doch nur selten wird solche Aufmerksamkeit als Anlaß für einen Streit um die Wahrheit genutzt. Und

diese periodische Aufmerksamkeit hat bisher auch noch nicht dazu geführt, daß das Wort »Ökumene« in unserer Sprache heimisch wurde.
Dazu jedoch ist es höchste Zeit. Die Kirche der Zukunft wird in all ihren Lebensvollzügen ökumenisch sein oder sie wird vor der Aufgabe versagen, von der einen Wahrheit in Jesus Christus Zeugnis abzulegen und der einen Welt zu dienen. Diese Einsicht gilt für alle Gestalten der Kirche. Deshalb ist die Bildung ökumenischer Gemeinden am Ort ebenso wichtig wie die vertiefte Zusammenarbeit über die Grenzen von Ländern und Kontinenten hinweg, zum Beispiel im Rahmen des Ökumenischen Rats der Kirchen. Ökumene am Ort und an allen Orten – so heißt die Aufgabe. Diese Aufgabe stellt sich in den achtziger Jahren mit verstärkter Dringlichkeit. Daß man an vielen Stellen einen Rückzug aus ökumenischen Verpflichtungen in altgewohnte Positionen beobachten muß, kann über diese Dringlichkeit nicht hinwegtäuschen. Solche Rückzugsbewegungen zeigen sich im evangelischen Bereich in einer anhaltenden und abwehrenden Kritik am Ökumenischen Rat der Kirchen; und sie zeigen sich in der katholischen Kirche – auch wenn der Vatikan dieser Deutung ausdrücklich widerspricht – im Entzug des kirchlichen Lehrauftrags gegenüber dem Tübinger Theologen Hans Küng. Doch durch solche Vorgänge sollte sich niemand darin irre machen lassen, daß die ökumenische Gemeinschaft der verbindliche Horizont heutiger christlicher Existenz ist. Im Blick auf das vor uns liegende Jahrzehnt gilt dies in verstärktem Maß. Die sechziger Jahre waren – auch in der Ökumene – Jahre des Umbruchs und der Erneuerung. Die siebziger Jahre erwiesen sich in vieler Hinsicht als Jahre des Wartens und der Müdigkeit. Die achtziger Jahre können zu Jahren der Krise und der Bewährung werden. Mitten in den Krisenerfahrungen unserer Gegenwart hoffen viele Menschen auf ein neues, ein glaubwürdigeres Leben und Zeugnis der Kirche. Dies kann nur ein ökumenisches Leben und ein ökumenisches Zeugnis sein.
Diese Überzeugung bildet den Ausgangspunkt für die fol-

genden Versuche ökumenischer Theologie. Sie versuchen, die Diskussion über ökumenische Streitfragen der letzten Jahre – zum Beispiel die Bekämpfung des Rassismus, die Theologie der Befreiung oder das Problem militärischer Gewalt – in einen veränderten Horizont zu rücken. Sie kristallisieren sich um zwei Fragen: Wie kann der *Streit um die Wahrheit* so ausgetragen werden, daß er der Einheit dient; wie also ist eine *konziliare* Kirche möglich? *Und:* wie können Christen dazu beitragen, daß der *Friede* erhalten und gefördert wird; wie also ist eine *friedensfähige* Kirche möglich? Die folgenden Kapitel sollen deutlich machen, daß beide Fragen zusammengehören, ja daß es sich im Grunde um eine einzige Frage handelt. Die Aufgabe der folgenden Überlegungen ist erfüllt, wenn sie zu weiterem Nachdenken anstiften und Menschen bei dem Versuch ermutigen, ökumenisch zu leben.
Die folgenden vier Kapitel gehen auf Vorträge zurück, die ich während der letzten Jahre gehalten habe; dabei ergab sich ein einheitlicher Gedankengang, um dessentwillen sie – verändert und erweitert – zusammen veröffentlicht werden. Eines der folgenden Kapitel ist in seiner ursprünglichen Form Heinz Eduard Tödt zum sechzigsten Geburtstag zugeeignet. Ich widme nun das Buch im Ganzen Ilse und Heinz Eduard Tödt als Zeichen des Dankes für ermutigende Verbundenheit während vieler Jahre.

Heidelberg, am 1. Januar 1980 Wolfgang Huber

I. Kirche im Horizont der Ökumene

Wer heute von der Ökumene redet, redet vom Konflikt[1]. Er redet nicht nur von ihm, sondern nimmt an ihm teil. Er nimmt so an ihm teil, wie die ökumenische Bewegung selbst teilhat an den Konflikten, die unsere Welt durchziehen und sich in vielen Hinsichten von Tag zu Tag verschärfen. Im Ökumenischen Rat der Kirchen wie in der evangelischen oder auch der katholischen Kirche in Deutschland haben wir, ob wir wollen oder nicht, teil an den Konflikten unserer Gegenwart.

Wer heute von der Ökumene redet, redet von Gemeinschaft, von Kommunikation. Er redet nicht nur von ihr, sondern nimmt an ihr teil. Indem er redet, beginnt er ein Gespräch. Und indem er ein Gespräch beginnt, setzt er schon immer voraus, daß Kommunikation, Verständigung, gemeinsames Suchen nach der Wahrheit möglich ist. Im Vollzug eines Gesprächs unterwerfen wir uns der Norm, alles zu tun, um Kommunikation zu ermöglichen, alles zu unterlassen, was Kommunikation verhindert oder zerstört. Wir beginnen das Gespräch mit der Erwartung an uns selbst wie an unseren Gesprächspartner, daß wir beide vom Interesse an Wahrheit geleitet sind. Die wechselseitige Erwartung, daß es dem andern um die Wahrheit geht, ist die Grundnorm, der man sich bereits unterworfen hat, wenn man einen Dialog aufnimmt.

Diese Grundnorm tritt erst recht in Kraft, wenn über die Ökumene und ihre wichtigste Organisationsform, den Ökumenischen Rat der Kirchen (ÖRK), gesprochen wird. Denn der ÖRK ist eine Gemeinschaft von Kirchen, die sich selbst in der wechselseitigen Annahme zusammengefunden haben, daß es ihnen in ihren unterschiedlichen Traditionen und Lebensformen, Lehraussagen und Frömmigkeitsstilen jeweils um die Wahrheit, nämlich um das Bekenntnis zu Jesus

Christus als Gott und Heiland gemäß der Heiligen Schrift geht[2]. Da dies die Basis des Ökumenischen Rats ist, kann ein theologisch sachgemäßes Gespräch über ihn, aber auch über andere ökumenische Anstrengungen nur so geführt werden, daß die wechselseitige Erwartung, dem andern gehe es ebenso um die Wahrheit wie einem selbst, voll zur Geltung kommt.
Für viele Menschen ist gerade in den letzten Jahren die Erfahrung der Gemeinschaft gewachsen, die ihnen die ökumenische Bewegung vermittelt; die Ökumene ist für sie eine wichtige und unverzichtbare Quelle der Ermutigung für ihre christliche Existenz. Für viele Menschen hat sich aber auch die Erfahrung des Konflikts verstärkt, an dem man teilhat, wenn man in der Ökumene lebt. Wie verbinden sich diese spannungsvollen, einander aber nicht ausschließenden Erfahrungen miteinander? Dies ist die Leitfrage, unter der ich in diesem Kapitel einige theologische Grundprobleme des Kirchenverständnisses erörtern will, die sich daraus ergeben, daß Ökumene heute die Form einer besonderen Organisation, eben des Ökumenischen Rats der Kirchen angenommen hat. Mit Absicht beginne ich mit einer Frage, die heute nicht im Zentrum der Auseinandersetzungen steht, theologisch aber von zentraler Bedeutung ist: In welchem Sinn reden wir von »Kirche«, wenn wir vom Ökumenischen Rat der Kirchen sprechen?

1. Kirche als Gemeinschaft und die »Gemeinschaft von Kirchen«

Evangelisches Kirchenverständnis orientiert sich immer wieder am Augsburger Bekenntnis von 1530, dessen vierhundertundfünfzigstes Jubiläum im Jahr 1980 mit großem ökumenischen Aufwand gefeiert wird. Dessen siebter Artikel sagt, die Kirche sei »die Versammlung aller Gläubigen, bei denen das Evangelium rein gepredigt und die heiligen Sakramente dem Evangelium gemäß gereicht werden«. Evangelisches Kirchenverständnis hat aber zugleich allen Anlaß, sich auch auf die Barmer Theologische Erklärung von 1934, das grundlegende Bekenntnis der »Bekennenden Kirche«, zu beziehen. Deren dritte These bezeichnet die christliche Kirche als eine »Gemeinde von Brüdern, in der Jesus Christus in Wort und Sakrament durch den Heiligen Geist als der Herr gegenwärtig handelt«. Beide Bekenntnisaussagen stimmen darin überein, daß sie die Kirche als Gemeinschaft verstehen: sie ist Versammlung aller Gläubigen, Gemeinde von Brüdern. Der grundlegende Vollzug aber, in dem die Kirche als Gemeinschaft Realität gewinnt, ist der Gottesdienst. Deshalb nennt das Augsburgische Bekenntnis als Kennzeichen der Kirche die Evangeliumsverkündigung und die Feier der Sakramente Taufe und Abendmahl. An ihnen soll man die Kirche erkennen – wo immer sie sich befindet, in welcher Gestalt sie auch erscheint. Auch alle weiteren Kennzeichen der Kirche, die man nennen kann – etwa das Bekenntnis und die Vergebung der Schuld, das tätige Eintreten für den Mitmenschen – sind zunächst und in ihrer Grundlage Kennzeichen der gottesdienstlichen Versammlung.

Zum Gottesdienst gehören fünf grundlegende Elemente: Verkündigung, Bekenntnis, Gemeinschaft, Gebet und Dienst. Das Hören auf das Wort Gottes, das antwortende Bekenntnis, die praktizierte Gemeinschaft – deren Grundform das Abendmahl, die Eucharistie ist – gemeinsames Beten in Dank, Lobpreis und Fürbitte und der Aufbruch zu neuem Handeln charakterisieren also den christlichen Gottesdienst. Diese fünf Elemente bilden die ökumenische Grundform des Gottesdienstes. An diesen fünf Elementen muß sich deshalb auch das Bemühen um die sichtbare Einheit der Kirche orientieren.

Einen Beleg für diese Überlegung findet man in einem besonders wichtigen Dokument der ökumenischen Bewegung, nämlich der »Einheitsformel«, die nach langen Beratungen 1961 von der Vollversammlung des ÖRK in New Delhi beschlossen wurde:

»Wir glauben, daß die Einheit, die zugleich Gottes Wille und seine Gabe an seine Kirche ist, sichtbar gemacht wird, indem alle an jedem Ort, die in Jesus Christus getauft sind und ihn als Herrn und Heiland bekennen, durch den Heiligen Geist in eine völlig verpflichtete Gemeinschaft geführt werden, die sich zu dem einen apostolischen Glauben bekennt, das eine Evangelium verkündigt, das eine Brot bricht, sich im gemeinsamen Gebet vereint und ein gemeinsames Leben führt, das sich in Zeugnis und Dienst an alle wendet. Sie sind zugleich vereint mit der gesamten Christenheit an allen Orten und zu allen Zeiten in der Weise, daß Amt und Glieder von allen anerkannt werden und daß alle gemeinsam so handeln und sprechen können, wie es die gegebene Lage im Hinblick auf die Aufgaben erfordert, zu denen Gott sein Volk ruft.«[3]

Einheit heißt nicht Uniformität. Ökumene bedeutet nicht Einebnung des vielgestaltigen Reichtums, der die Kirche Christi »an allen Orten« kennzeichnet. Doch wenn es der Christenheit mit dem Bekenntnis zur einen Wahrheit und mit dem Auftrag zu gemeinsamem Zeugnis und Dienst in der Welt ernst ist, so muß sie ihre Zusammengehörigkeit auch sichtbar darstellen. Dies kann sie erst und nur dann, wenn in denjenigen Elementen, die die ökumenische Grundform des Gottesdienstes bilden, Gemeinschaft möglich ist. Durch die Gemeinsamkeit im Gottesdienst wird die Kirche selbst zur »völlig verpflichteten Gemeinschaft«. Hieraus wächst dann die wechselseitige Anerkennung der kirchlichen Ämter sowie der Mitgliedschaft in der Kirche; in der »völlig verpflichteten Gemeinschaft« entsteht die Möglichkeit zu gemeinsamen Entscheidungen und zu gemeinsamem Handeln.

Der Ökumenische Rat der Kirchen ist ein Instrument, das den Kirchen helfen soll, zu einer solchen »völlig verpflichteten Gemeinschaft« zu finden. Doch ist er selbst »Kirche«? Diese Frage wurde in den ersten Jahren nach der Gründung des ÖRK (1948) breit erörtert; das Ergebnis dieser Debatten war die »Toronto-Erklärung« von 1950[4]. Sie hat die Frage nach dem kirchlichen Charakter des Ökumenischen Rats mit einer ausweichenden Auskunft beantwortet. Da Einigkeit darüber bestand, daß der ÖRK keine »Superkirche« ist und niemals eine solche werden soll, verzichtete man sicherheitshalber darauf, eine Aussage über die kirchliche Qualität des Ökumenischen Rats zu machen, und definierte ihn lediglich als Werkzeug seiner Mitglieder. Diese Selbstbeschränkung war faktisch undurchführbar und theologisch unhaltbar. Daß man bei dem ausweichenden Formelkompromiß der »Toronto-Erklärung« nicht stehenbleiben kann, ist in den dreißig Jahren, die seit deren Entstehung vergangen sind, auch immer wieder betont worden.

Ich zitiere ein Beispiel. In einer Stellungnahme über »die Bedeutung der Mitgliedschaft im Ökumenischen Rat der Kirchen« aus dem Jahr 1964 hat der Rat der Evangelischen Kirche in Deutschland (EKD) die Feststellung »dankbar bejaht«, daß die Gemeinschaft im Ökumenischen Rat »im Laufe der Jahre innerlich mehr gefestigt und gewachsen ist, als es die vorwiegend statisch und deskriptiv gehaltenen Aussagen der Toronto-Erklärung von 1950 wiederzugeben vermögen«. Und am Ende dieser Erklärung wird der Ökumenische Rat ausdrücklich dazu aufgefordert, auf dem Weg der über Toronto hinausweisenden Erfahrungen weiterzugehen. »Der Ökumenische Rat sollte sich daher niemals in organisatorischen Aufgaben erschöpfen, sondern in allen seinen Lebensäußerungen den Mut zur Kirche haben, der[5] ihn zwar nicht zur ›Superkirche‹ werden lassen darf, wohl aber den in ihm vereinten Kirchen in gegenseitiger Korrektur und Bereicherung schon jetzt die Teilhabe an der ›charismatischen Realität‹ (H. H. Wolf) ihrer in Christus gegebenen Einheit vermittelt.«[6] Beinahe wehmütig liest man heute solche Sätze; denn in den letzten Jahren hat der Ökumenische Rat aus dem Bereich der Evangelischen Kirche in Deutschland kaum noch derartige Ermutigung, er hat von hier aus viel eher bremsende Kritik erfahren.

Der Ökumenische Rat soll den »Mut zur Kirche« haben; er soll den Mitgliedskirchen die Teilhabe an der charismatischen Realität der in Christus gegebenen Einheit vermitteln. Mit solchen Aussagen wird nicht in einem statischen, sondern in einem dynamischen Sinn dem Ökumenischen Rat kirchliche Qualität zuerkannt. Die »Gemeinschaft von Kirchen« trägt selbst den Charakter von Kirche. Theologisch ist dies einleuchtend und unbezweifelbar. Auch nach dem Neuen Testament ist (wie die Briefe des Paulus vielfach belegen) die Gemeinschaft der örtlichen Kirchen *(ekklesiai)* selbst Kirche *(ekklesia)*. Dabei liegt nichts ferner, als daß diese Gemeinschaft der Gemeinden in dem einen Herrn als »Superkirche« betrachtet würde; das ist schon deshalb ausgeschlossen, weil diese Gemeinschaft nicht über eine Organisation verfügt, sondern sich darin verwirklicht, daß die Gemeinden sich wechselseitig besuchen, daß sie durch ihre Abgesandten leibhaft miteinander in Kontakt treten. Und so ist auch heute noch der *wechselseitige Besuch* zwischen Gemeinden und christlichen Gruppen, die sich konfessionell, kulturell oder räumlich fremd sind, und die so *erfahrene Gemeinschaft* die *erste Grundform von Ökumene*. Alle ökumenische Organisation hat ihre Berechtigung allein darin, daß sie solche Erfahrungen möglich macht oder erleichtert.

Seit der Zeit des Neuen Testaments stehen in der Christenheit vier Grundgestalten der Kirche nebeneinander, die nicht aufeinander zurückgeführt oder ineinander aufgelöst werden können. In typisierender Verkürzung bezeichne ich sie als Ortsgemeinde, Initiativgruppe, Regionalkirche und Föderation. Alle diese vier Gestalten stehen in der Spannung zwischen Universalität und Besonderheit, zwischen Aktualität und Dauer[7]. Keine dieser Gestalten »ist« die universale Kirche; sie alle tragen vielmehr das Merkmal des Besonderen, des Partikularen an sich, und sie sind doch zugleich alle zeichenhafte Darstellungen der universalen Kirche. Auch jede Grenzen überschreitende kirchliche Föderation ist eine partikulare Organisation; das gilt auch vom Ökumenischen

Rat der Kirchen – und es gilt ebenso von der römisch-katholischen Weltkirche.

So müssen wir sagen: Der Ökumenische Rat der Kirchen hat als Föderation teil an einer der Grundgestalten der Kirche. Er ist in eben dem Maß selbst Kirche, in dem Gemeinschaft in den Grundelementen des Gottesdienstes erreicht werden kann. Auf diesem Weg soll er den »Mut zur Kirche« haben; denn die Einheit der Kirche ist schon jetzt »charismatische Realität«.

Nur wenn man so über den Ökumenischen Rat der Kirchen denkt, ist auch die Kritik verständlich, die von verschiedenen Seiten und zum Teil sehr vehement an ihm geübt wird. Der kritische Vorhalt zum Beispiel, in der Arbeit des Ökumenischen Rats gewönnen die sozialethischen und politischen Aktivitäten ein Übergewicht über die dogmatischen Fragestellungen, ist überhaupt nur dann sinnvoll, wenn man den ÖRK an einer bestimmten ekklesialen Qualität mißt. Würde man ihn dagegen als reinen Zweckverband, als Instrument der Mitgliedskirchen verstehen, so wäre von vornherein nichts dagegen einzuwenden, daß er sich sozialethische und politische Zwecke setzt. Ist er aber selbst Kirche, so sind auch seine politischen Aktionen am Auftrag der Kirche zu messen.

Manche Formen der Kritik, die vor allem von evangelikaler Seite am Ökumenischen Rat geübt wird, scheinen mir allerdings durch einen Widerspruch gekennzeichnet zu sein: sie sprechen – im Gefolge der »Toronto-Erklärung« – dem ÖRK jede ekklesiale Qualität ab, kritisieren seine Aktivitäten aber zugleich so, als ob er Kirche wäre. Und dies verbinden sie häufig noch mit einem folgenschweren Mißverständnis dessen, was Kirche ist. Denn sie verstehen den Ökumenischen Rat als eine Organisation mit zentraler Lehr- und Bekenntnisautorität. Äußerungen von Organen des ÖRK werden dann so gelesen, als handele es sich um Lehrschreiben einer gleichsam päpstlichen Autorität. Vermag man *solchen* Lehrschreiben nicht in ihrem Inhalt vollständig zuzustimmen, so kann man sich bekanntlich nur

noch wider besseres Wissen unterwerfen oder aber die Autorität selbst des Verrats an ihrem Auftrag bezichtigen.
Die Funktion ökumenischer Texte ist durch dieses Mißverständnis völlig verkehrt worden. Denn sie sind nicht Verlautbarungen einer zentralen Lehr- und Bekenntnisautorität, sondern Einladungen zu weiterem Nachdenken und eigener Urteilsbildung. Sie sind erst am Ziel, wenn sie von christlichen Gemeinden und Gruppen kritisch angeeignet werden. *Aneignung, Rezeption* ist eines der wichtigsten Elemente aller ökumenischen Vorgänge. Sie aber wird gerade vereitelt, wenn man sich die Kirche nach dem Muster einer zentralistischen Organisation vorstellt. Das gilt auch für den Ökumenischen Rat der Kirchen.
Die Mißverständnisse, die ich gerade geschildert habe, belasten die ökumenische Diskussion unserer Gegenwart schwer. Große Anstrengungen sind nötig, um sie zu überwinden. Statt ihnen anheimzufallen, sollten wir uns an der einfachen Einsicht orientieren: Kirche ist Gemeinschaft; deshalb muß auch die »Gemeinschaft von Kirchen« den »Mut zur Kirche« haben.

2. *Die Einheit der Kirche und die Konflikte der Menschheit*

Wie notwendig ist diese »Gemeinschaft von Kirchen«? Auf diese Frage ist eine deutliche Antwort nötig: Die Aufgabe, die Einheit der Kirche erfahrbar zu machen, tritt nicht erst als etwas Zusätzliches zu dem Bekenntnis zu Jesus Christus hinzu; sie ist vielmehr ein notwendiges Element dieses Bekenntnisses selbst. Das Bekenntnis zu Jesus Christus ist Bekenntnis zur Einheit. Das ergibt sich bereits mit unüberbietbarer Klarheit aus einer Ermahnung des Epheserbriefs:

»Wandelt würdig der Berufung, die Gott an euch hat ergehen lassen. Denkt mit den Geringen und seid gütig und langmütig. Ertragt euch gegenseitig in Liebe. Setzt euch

dafür ein, eure geistliche Einheit durch das Band des Friedens zu bewahren: ein Leib und ein Geist, wie es ja auch eine Hoffnung ist, die euch durch eure Berufung zuteil geworden ist; ein Herr, ein Glaube, eine Taufe; ein Gott als der Vater aller, der über alle, durch alle hindurch und in allen (seine Herrschaft zur Wirkung bringt)« (Eph 4,1–6; Übersetzung von U. Wilckens).

Die geistliche Einheit der Gemeinde wird hier nicht als ein Ergebnis beschrieben, das durch menschliche Leistung allererst hergestellt werden müßte und könnte. Sondern diese Einheit ist wirklich. Sie hat ihren Grund in der Vaterschaft des einen Gottes und in der Gegenwart des einen Herrn in dem einen Geist; ihr Zeichen ist die eine Taufe. Nicht sie herzustellen, sondern sie zu bewahren ist die Aufgabe der Christen. Die Einheit zu bewahren heißt freilich auch, diejenigen Hindernisse für die Erfahrung der Einheit zu beseitigen, die menschliches Handeln, geschichtlicher Irrtum und kurzsichtige Rechthaberei hervorgebracht haben und immer wieder hervorbringen. Da bleibt noch ein großes Maß geschichtlicher Aufräumarbeit zu tun. Schüchtern hat man damit im Verhältnis zwischen den evangelischen Konfessionen begonnen, deren Differenzen den Gemeindegliedern zumeist ohnehin unbekannt oder unverständlich waren; die »Leuenberger Konkordie« ist ein Ergebnis solcher Bemühungen. Die Aufräumarbeit zwischen Protestanten und Katholiken und erst recht zwischen westlichem Christentum und der griechischen und russischen Orthodoxie steht aber weithin noch bevor. Die ökumenische Bewegung hat dabei die Aufgabe, die einzelnen Kirchen »aus der Sackgasse von Antworten zu befreien, die trennen«[8]. Die Lösung dieser Aufgabe ist überfällig; doch sie wird durch den gegenwärtigen Streit um die Ökumene vielfach behindert. Die Lösung ökumenischer Aufgaben wird dadurch erschwert, daß die Verbindlichkeit des ökumenischen Horizonts in Frage gestellt oder bestritten wird. Das zeigt sich in dem protestantischen Streit zwischen »Ökumenikern« und »Evangelikalen«; und es zeigt sich auch in den Tendenzen in der katholischen Kirche, hinter Einsichten und Ergebnisse des Zweiten Vatikanischen Konzils zurückzukehren. Daß dem Tübinger Theologen Hans Küng – der sich als katholischer Theologe um einen ökumenischen Brückenschlag bemüht – die »missio canonica« entzogen wurde, ist ein drastisches Beispiel für solche Tendenzen. Diese Einschätzung wird nicht dadurch widerlegt, daß die Kurie erklärt, die katholische Kirche werde sich unverändert um die Einheit der Christen bemühen.

Um der einen Wahrheit willen muß solchen Tendenzen in allen Konfessionen widerstanden werden. Da die Wahrheit, um die es dem christlichen Glauben geht, wesenhaft *eine* ist, kann man nicht – wie es vielfach geschieht – die Bewahrung der Einheit und das Suchen nach Wahrheit gegeneinander ausspielen. Vielmehr gilt: die Kirche kommt nicht zur Wahrheit, wenn sie sich der Einheit entzieht. Nur wo ihr von außen Grenzen gesetzt werden, weil ihr eine *falsche Kirche* entgegentritt, die sich dem Bekenntnis zu Jesus Christus verweigert, nur dort kann und muß die Trennung hingenommen werden. Immer sonst aber gilt (um Karl Barth zu zitieren):

Die Sache des Glaubens »fordert nach wie vor und unter allen Umständen: unam ecclesiam. *Und wenn die Geschichte dem widerspricht, so spricht sie doch nur von der Wirklichkeit, nicht aber die Wahrheit. Ein Skandal bleibt auch unter Gottes väterlicher und nicht vergeblicher Vorsehung, die ihn weithin zum Guten mitwirken lassen mag, ein* Skandal. *Die Zerspaltung der Kirche* ist *ein Skandal! Und es gibt Fälle, in denen der Skandal ohne allen Ernst ist, vielmehr den Charakter einer närrischen Eigenbrödelei hat«*[9].

Mißt man sie am Bekenntnis zur Einheit der Kirche, so werden die besonderen konfessionellen Traditionen, in denen wir leben, zutiefst fragwürdig. Deshalb ist die ökumenische Aufgabe, die vor uns steht, noch keineswegs ausreichend beschrieben, wenn man die angestrebte Gemeinschaft der Kirchen als »versöhnte Verschiedenheit« kennzeichnet. Dieses Stichwort spielte während der letzten Jahre im Bereich der lutherischen Kirchen eine wichtige Rolle. Nach dem Konzept, das mit diesem Stichwort bezeichnet wird, besteht die ökumenische Aufgabe darin, »unter Beibehaltung verschiedener legitimer christlicher Traditionen die Voraussetzungen für Kirchengemeinschaft zu schaffen«[10]. Hier wird die Vielfalt konfessioneller Traditionen im vorhinein als legitim bezeichnet; vor dem Bekenntnis zur Einheit der Kirche aber ist sie gerade nicht legitim, sondern vielmehr eine unmögliche Möglichkeit; sie ist, mit Karl Barth gesprochen, »nur eben so möglich, wie die Sünde möglich ist«[11]. Daß im christlichen Bekenntnis der Kirche neben den Attributen der Heiligkeit, der Apostolizität und der Katholizität auch das Attribut der Einheit zugesprochen wird, verweist uns mit aller Schärfe darauf, daß die erfahrene Kirche, in der wir leben, sündige Kirche ist. Das Bekenntnis zur einen, heiligen, katholischen und apostolischen Kirche spricht von der geglaubten Kirche; doch es enthält zugleich die Kriterien, an denen wir die jeweiligen Gestalten der erfahrenen Kirche zu messen haben; es ist gerade darin ein Hinweis auf die Spannung zwischen der geglaubten und der erfahrenen Kirche. Es nötigt uns zu der Einsicht in die Ambivalenz, die mit der Weltlichkeit der Kirche gegeben ist. Kirche ist Welt, eine von Menschen gestaltete und deshalb immer wieder mißlingende, sündige Gemeinschaft, die unter dem Gericht Gottes steht; und sie ist zugleich qualifizierte Welt, jenes Stück Welt nämlich, in dem Gott durch sein Wort gegenwärtig ist[12].

Die ökumenische Bewegung ist deshalb in meinen Augen zuallererst eine Bußbewegung, die den getrennten Kirchen zum Bekenntnis ihrer Sünde verhilft. Und sie ist zum andern eine Bewegung, die die Erfahrung von Gemeinschaft über Grenzen hinweg möglich macht. Von Ökumene kann dort gesprochen werden, wo Gemeinschaft und wechselseitige Verständigung wirklich sind. *Leibhaftes Miteinandersein ist der Lebensvollzug von Ökumene.* Deshalb ist ihre Grundgestalt die *Ökumene am Ort*, die gottesdienstliche Gemeinschaft von Menschen, die durch konfessionelle Traditionen oder durch ihre Lebensumstände voneinander getrennt waren. Die überzeugendste Gestalt einer christlichen Gemeinde, die mir zur Zeit begegnet, ist eine ökumenische Gemeinde in der Nähe von Heidelberg. Sie vereint katholische und evangelische Christen. Darüber hinaus besteht sie zu einem Drittel aus Behinderten, die in einem Rehabilitationszentrum wohnen; sie vereint also zugleich körperlich schwer Behinderte mit Menschen, die von einer solchen Behinderung verschont geblieben sind. In dieser Erfahrung von Einheit gewinnen die unterschiedlichen konfessionellen Traditionen und die gegensätzlichen Lebenserfahrungen eine neue Gestalt; sie können zu einer »in Christus zentrierten Vielfalt«[13] und so zum Grund wechselseitiger Bereicherung werden. Doch es handelt sich dann nicht mehr um die »versöhnte Verschiedenheit« weiterhin getrennter »legitimer christlicher Traditionen«; es handelt sich vielmehr um den konziliaren Prozeß wechselseitiger Bereicherung und Veränderung.

Ich habe mit Absicht von lokalen Erfahrungen gesprochen; denn in ihnen zeigt sich mit besonderer Deutlichkeit das leibhafte Miteinandersein als Lebensvollzug von Ökumene. Nur im leibhaften Miteinandersein kann man die Sprache des anderen lernen. Daß dies nötig ist, schärft schon Paulus ein: »Es ist mancherlei Art der Sprache in der Welt, und nichts ist ohne Sprache. Wenn ich nun nicht weiß von der Sprache Bedeutung, werde ich den nicht verstehen, der da redet, und der da redet, wird mich nicht verstehen« (1 Kor 14,10 f; Luther-Übersetzung). Die Ökumene, wo sie gelingt, ist eine *Sprachschule des Verstehens*[14]. Als Regel im ökumenischen Umgang miteinander sollte gelten: Rede und handle in jedem Fall so, als ob der andere leibhaft anwesend wäre. Ich vermute, daß viele ökumenische Konflikte anders ausgetragen würden, wenn man dieser Regel folgte.

Die Bemühung um kirchliche Einheit ist kein Selbstzweck.

Denn die Kirche ist nur Kirche, wenn sie *für andere* da ist[15]. Die Einheit der Kirche wird deshalb nur zureichend verstanden, wenn sie zur Einheit der Menschheit in Beziehung gesetzt wird. Die Notwendigkeit dieser Verknüpfung hat Philip Potter, der Generalsekretär des ÖRK, im Januar 1979 vor dem Zentralausschuß des ÖRK in Kingston/Jamaica mit eindringlichen Worten beschrieben:

»In den letzten Jahren sind zwei Aspekte des Ökumenismus in den Mittelpunkt getreten. Wir verstehen Oikumene *wieder in der ursprünglichen Bedeutung dieses Begriffs, nämlich als den gesamten bewohnten Erdkreis, der dem Herrn gehört (Ps 24,1). Das gesamte menschliche Leben steht unter der Herrschaft Gottes und ist damit Anliegen der Kirchen. Wir sind verpflichtet, uns für die Einheit der Menschheit einzusetzen. Das bedeutet, daß wir uns im Kampf für eine gerechte Gesellschaft einsetzen, mithelfen, die Schranken bezüglich Klasse, Rasse und Geschlecht niederzureißen, die Differenzen zwischen Völkern und Nationen in Frieden zu schlichten und eine dem Wohle aller Menschen förderliche, gesunde Umwelt zu gestalten ... Unser gemeinsames Projekt ... möchte ich als einen universellen Dialog der Kulturen kennzeichnen, bei welchem unseren Kirchen eine wichtige Rolle zukommt.«*[16]

Diese Sätze von Philip Potter enthalten viele der Elemente, die in der gegenwärtigen Praxis des ÖRK umstritten sind. Seine Kritiker halten ihm vor, daß er einen säkularen Begriff von Ökumene einführt, der auf die Weltgemeinschaft statt auf die Gemeinschaft der Kirchen zielt; daß er einen synkretistischen Dialog an die Stelle der Mission rückt und damit die Wahrheitsfrage suspendiert; daß er das politische Ziel einer Weltgesellschaft und eines Weltstaats an die Stelle der Erwartung des Reiches Gottes setzt[17].
Man hat Philip Potter auch vorgeworfen, er habe in den zitierten Sätzen eigenmächtig und unter Mißachtung seiner Kompetenzen eine Kursänderung des Ökumenischen Rats angekündigt[18]. Dies ist jedoch nicht der Fall. Potter kündigt

nicht etwas Neues an; er beschreibt vielmehr eine Veränderung, die sich im letzten Jahrzehnt faktisch vollzogen hat und über die man sich Rechenschaft ablegen muß[19].

Daß die Einheit der Kirche auf die Einheit der Menschheit, ja auf die Einheit der Schöpfung im ganzen bezogen wird, ist tief in der biblischen Überlieferung begründet. Nur wenn man das Bekenntnis zu Gott dem Schöpfer vergißt, kann man die Kirche von der sie umgebenden Welt isolieren. Daß diese grundlegende biblische Einsicht sich in den vergangenen Jahren mit verstärkter Wucht aufdrängte, ist mitverursacht durch die politischen und gesellschaftlichen Erfahrungen, an denen die Kirchen teilhaben: durch die Erfahrung vor allem, daß die Einheit der Menschheit zugleich unausweichlich und aufs äußerste gefährdet ist. In dieser Lage erfährt die Kirche, daß sie an der Einheit der Menschheit Anteil hat und daß sie für eine menschenwürdige Gestalt dieser Einheit mitverantwortlich ist.

Politische Vorgänge haben dazu beigetragen, daß man im Rahmen der Ökumene mit wachsender Intensität auf den Zusammenhang zwischen der Einheit der Kirche und der Einheit der Menschheit achtet. Doch daß theologische Einsichten aus bestimmten geschichtlichen Situationen hervorwachsen, ist kein Argument gegen sie. Denn schon immer ist die Christenheit maßgeblich durch die geschichtlichen Erfahrungen geprägt worden, in denen sie stand; so ist zum Beispiel die Geschichte des europäischen Christentums bis zum heutigen Tag überhaupt nicht zu verstehen, wenn man sich nicht an die Rolle der christlichen Gemeinden im römischen Reich, an die konstantinische Wende und an den Fall Roms erinnert. Solche geschichtlichen Erfahrungen haben auch immer aufs neue das theologische Nachdenken in Gang gesetzt. Wie sollte all dies gerade bei der ökumenischen Bewegung und gerade in unserer Gegenwart anders sein?

Unsere Gegenwart aber ist von der Erfahrung der einen Menschheit bestimmt. Deren Einheit zeigt sich gerade in den Konflikten und Diskrepanzen, die unsere Gegenwart bestimmen. Die Menschheit auf diesem Planeten ist durch massive Abhängigkeiten wirtschaftlicher, militärischer und politischer Art auf Gedeih und Verderb miteinander verflochten. Dieser Situation kann sich die Kirche nicht entziehen. Denn der Glaube, den sie verkündigt, ist eine Erfahrung, die sich mit allen Erfahrungen, die wir machen, verbindet und verbinden kann. Der Glaube als die Erfahrung der Annahme durch Gott vollzieht sich also nicht abseits von den Erfahrungen, die das alltägliche Leben bestimmen, sondern greift in sie ein. Diese aber sind heute in unterschiedlichen Formen vor allem durch das eine Grundmotiv bestimmt: Einheit in Abhängigkeit. Die Frage heißt also nicht, *ob,* sondern allein: *wie* die Kirche auf diese Situation antwortet. Ihre Antwort aber muß, wenn sie biblisch begründet sein soll, heißen: Die Einheit der Menschheit, die dem Willen Gottes entspricht, ist nicht eine Einheit in Abhängigkeit und Krieg, sondern eine Einheit in Gerechtigkeit, Freiheit und Frieden.

Erinnern wir uns noch einmal an den Abschnitt über die Einheit aus dem Epheserbrief, den ich oben zitiert habe: Der eine Gott bringt als der Vater seine Herrschaft über alle, durch alle hindurch und in allen zur Wirkung. Die Welt im Ganzen ist durch Gott zur Einheit zusammengefügt; die Treue des Vaters gilt seiner Schöpfung im Ganzen. Nicht nur zur Einheit der *Menschheit,* sondern zur Einheit der *Schöpfung* muß die Einheit der Kirche in Beziehung gesetzt werden. Der Fortgang der ökumenischen Debatte selbst hat zu einer Kritik an der Konzentration auf den Menschen geführt, von dem sie lange Zeit beherrscht war[20]. Die Verantwortung für den Mitmenschen kann nicht losgelöst werden von der Verantwortung für den Lebensraum, den Gott dem Menschen zu fürsorglicher Verwaltung anvertraut hat.

Um der Treue Gottes zur Welt als Schöpfung willen ist die Kirche kein Selbstzweck, sondern ihr Dienst gilt der Welt, von der sie doch zugleich immer unterschieden bleibt. Dieser Zusammenhang wird freilich mißverstanden – und mißverständliche Äußerungen gibt es auch in ökumenischen

Dokumenten in großer Zahl –, wenn die Einheit der Kirche als eine *Funktion* für die Einheit der Menschheit bezeichnet wird. Denn die Kirche ist nicht ein Instrument der Menschheit, sondern sie ist ein Werkzeug Gottes. Sie ist für Gott da, den Schöpfer der Welt; sie bezeugt die Gegenwart Jesu Christi im Geist. Gott aber bestimmt sich in Jesus Christus dazu, ganz für die Welt dazusein. Deshalb bleibt auch der Kirche nichts anderes übrig, als für die Welt dazusein[21]. So wie die Sendung Jesu der Welt gilt, so betrifft auch der Auftrag der Kirche die Welt (vgl. Joh 17,18; Joh 20,21).

Karl Barth hat die Sendung der Kirche in die Welt in drei Hinsichten entfaltet: Die Kirche ist die Gemeinschaft, in der es Menschen gegeben wird, die Welt zu erkennen, *wie sie ist; die Kirche ist ferner die Gemeinschaft, in der es Menschen gegeben wird, sich selbst als mit der Welt* solidarisch *zu erkennen und zu verhalten, weil sie auch selbst nicht anders als weltlich existieren kann; und sie ist schließlich die Gemeinschaft, in der es Menschen gegeben wird, der Welt im aktiven Dienst Gottes* verpflichtet *zu sein*[22].

Erkenntnis, Solidarität sowie tätige und verpflichtete Teilnahme sind die drei Grundformen, in denen sich das Dasein der Kirche für die Welt darstellt. Darin anerkennt die Kirche beides zugleich: daß sie für Gott da ist *und* daß sie nur weltlich existieren kann. Versucht sie dagegen, sich ihrer Verpflichtung gegenüber der Welt zu entziehen, so verleugnet sie beides zugleich: ihre Zugehörigkeit zu Gott und ihre Weltlichkeit. Beides aber gehört zusammen. Deshalb kann die Weltlichkeit der Kirche, wenn sie richtig verstanden wird, die grundlegende Bedeutung gottesdienstlicher Existenz, in der die Gemeinde ihrer Zugehörigkeit zu Gott inne wird, überhaupt nicht aufheben. Denn es handelt sich in der Kirche um die Gemeinschaft derer, denen die so geschilderte Weltlichkeit *gegeben* wird; ihre Identifikation beruht auf dem Geschenk der Identität; ihr Versuch, das Gerechte zu tun, hat seinen Grund im Gebet[23]. Daß auch andere weltlich existieren, daß auch sie um Erkenntnis, um Solidarität und um tätige Teilnahme bemüht sind, ist unbestritten und unbezweifelbar. Die Kirche aber ist die Gemeinschaft von Menschen, denen solche Erkenntnis, solche Solidarität und solche tätige Teilnahme *gegeben* ist, weil sie in der Freiheit des Glaubens leben können.

Es ist also nicht von einer der Kirche fremden Aufgabe die Rede, wenn die Einheit der Kirche auf die Einheit der Menschheit bezogen wird. Und es ist alles andere als ein »säkularer« Begriff von Ökumene, wenn daran erinnert wird, daß mit »oikumene« die ganze von Menschen bewohnte Erde bezeichnet wird. Was aber ist in all diesen Zusammenhängen mit »Einheit« gemeint? Das Mißverständnis liegt nahe genug, nach welchem die Einheit der Kirche als zentralisierte Organisation mit einheitlicher Lehr- und Bekenntnisgewalt gedacht wird. Und auch das andere Mißverständnis drängt sich auf, daß die Einheit der Menschheit durch eine einheitliche Zentralinstanz – einen »Weltstaat« – garantiert werden soll, unter dessen umfassender Gewalt die Gleichheit der Menschen die Gestalt einer allgegenwärtigen Unfreiheit hat.

Wenn im Horizont des christlichen Glaubens von Einheit die Rede ist, muß jedoch anderes gemeint sein. Eine Erinnerung an das Neue Testament kann das verdeutlichen. Es ist an einer Einheit interessiert, in der die *Gemeinschaft von Verschiedenen* möglich ist. Das Neue Testament versucht – gerade im Gegenzug gegen starre Einheitskonzeptionen – auf die Frage Antwort zu geben, wie *Kommunikation unter Ungleichen* möglich ist, wie die verschiedenen Gaben in ihrer Differenz am Aufbau von Gemeinschaft zusammenwirken können. Das paulinische Bild von der Gemeinde als dem Leib Christi ist hierfür das deutlichste Beispiel (vgl. 1 Kor 12 und Röm 12). Gerade darin ist die Kirche *eine*, daß in ihr der Reichtum der jeweils besonderen Gaben zur Entfaltung kommt. Die christliche Tradition weiß, daß die *Entfaltung des Besonderen* zur *Würde des Menschen* gehört. Deshalb werden Christen auch für Konzepte politischer Einheit eintreten, in denen das Besondere nicht durch me-

chanische Gleichheitskonzeptionen erdrückt, sondern vielmehr durch die Gewährleistung gleicher Möglichkeiten zur Entfaltung gebracht wird. Nicht ein zentraler Weltstaat, sondern eine befriedete Weltgesellschaft, in der eine Vielfalt kultureller, wirtschaftlicher und politischer Möglichkeiten sich entfalten kann, muß das Bild sein, an dem sich das Eintreten der ökumenischen Christenheit für die Einheit der Menschheit orientiert. Ein solches Bild bestimmt schon heute die Praxis des Ökumenischen Rats; daß kirchlicher Entwicklungsdienst sich an den Kriterien der Selbstverantwortung (self-reliance) und der autozentrierten Entwicklung orientiert, ist nur ein Beispiel für diesen Sachverhalt.
Die Forderung nach einer Einheit der Menschheit in Gerechtigkeit, Freiheit und Frieden ergibt sich aus der Erfahrung, daß die gegenwärtige Form der Einheit der Menschheit den Charakter der Abhängigkeit trägt. Hunger und Ohnmacht, Unterdrückung und Diskriminierung bestimmen den Alltag vieler Menschen. Diese Erfahrungen führen leicht dazu, daß die gegenwärtige Welt als zweigeteilt gedeutet wird. Die wirtschaftliche Expansion der reichen Industriestaaten trägt zu dieser Deutung Tag für Tag bei. Die Opfer dieser Expansion übernehmen das Weltbild, das sich aus ihr ergibt, und kehren es gegen die reiche Nordhalbkugel der Erde. Die Welt erscheint dann als aufgeteilt in Arme und Reiche, in Unterdrückte und Unterdrücker. Solche Deutungen, denen unmittelbare Erfahrung zu Grunde liegt, finden sich auch in Texten des Ökumenischen Rats. So heißt es in dem Vorbereitungsdokument für die Weltmissionskonferenz 1980 in Melbourne: »Im Mittelpunkt steht Gottes Wirken für die Gerechtigkeit zugunsten der Unterdrückten und gegen die Bösen.«[24] Eine solche Aufteilung jedoch, so sehr sie bedrängende Erfahrungen spiegelt, reicht nicht zu, um unsere gegenwärtige Wirklichkeit zu verstehen; sie reicht auch nicht zu, um zu verstehen, was mit dem Kampf Gottes für die Gerechtigkeit und gegen das Böse gemeint ist. Denn dieser Kampf betrifft und durchzieht jeden Menschen. Die endgültige Trennung der Menschen nach Guten und

Bösen ist dem Gericht Gottes vorbehalten (vgl. Mt 25,31 ff); wir können nicht dieses Gericht Gottes – und sei es im Namen der göttlichen Gerechtigkeit – vorwegnehmen wollen. Eben deshalb gilt der Kampf der Christen um Gerechtigkeit den *Strukturen* des Bösen; er ist nicht Vorwegnahme des Gerichts. Es ist dringend nötig, daß wir die Geschichte aus der Perspektive ihrer Opfer zu betrachten lernen, daß wir, auch wenn wir nicht Opfer sind, den »Blick von unten« lernen und nicht mehr vergessen[25]. Doch dieser »Blick von unten« sollte nicht verwechselt werden mit einer Zweiteilung der Menschheit in Böse und Gute; er sollte nicht verwechselt werden mit der Vorwegnahme des Gerichts. Ist die dichotomische Gegenüberstellung von »Unterdrückten« und »Bösen« vielleicht eines der Beispiele dafür, daß in manchen ökumenischen Dokumenten zwischen eschatologischer Verheißung und geschichtlicher Entwicklung nicht mit der nötigen Sorgfalt unterschieden wird?

Bevor ich dieser Frage weiter nachgehe, ziehe ich ein Résumé: Einheit ist ein Attribut der geglaubten Kirche; doch sie ist zugleich ein Kriterium für die Kritik und für die Umgestaltung der erfahrenen Kirche. Deshalb können die regional, kulturell und konfessionell getrennten Kirchen nicht einfach als »legitime Traditionen« nebeneinandergestellt werden; vielmehr muß gefragt werden, wie sie in einem konziliaren Prozeß zu einer »in Christus zentrierten« und sich deshalb wechselseitig bereichernden und verändernden Vielfalt umgestaltet werden können.

Die erfahrene Einheit der Kirche kann zum Zeichen für die Einheit der Menschheit werden. Weil die Kirche für Gott da ist, ist sie für die Welt als Welt Gottes da. Die tätige Teilnahme der Christen und der Kirchen an dem Kampf um eine Gemeinschaft der Menschheit in Gerechtigkeit, Freiheit und Frieden gewinnt ihre Glaubwürdigkeit daraus, daß in der Christenheit selbst Gemeinschaft erfahrbar wird. Die Teilnahme an diesem Kampf bedeutet nicht die Parteinahme für ein starres politisches Einheitskonzept, sondern ist ein Beitrag dazu, daß in dieser Welt Kommunikation zwischen

Verschiedenen möglich wird. Die Teilnahme an diesem Kampf ist auch nicht eine Vorwegnahme des göttlichen Gerichts; sie führt nicht zu einer Scheidung der Menschen in Gute (Unterdrückte) und Böse (Unterdrücker). Sondern sie ist Teilnahme an dem Kampf gegen die Strukturen wirtschaftlicher, militärischer und politischer Abhängigkeit.

3. Die letztgültige Hoffnung und die geschichtlichen Hoffnungen

Die Einheit der Kirche, so sahen wir, hat ihre Kennzeichen darin, daß in den Grundelementen des Gottesdienstes Gemeinschaft besteht; denn eben dies ist die Grundlage für einen gemeinsamen Dienst in der Welt. Diese Einheitsvorstellung ist auf die Frage nach der Einheit der Menschheit schlechterdings nicht einfach zu übertragen; denn deren Kennzeichen können nicht in gottesdienstlicher Gemeinschaft gesucht werden. Deshalb kann die Einheit der Kirche nur Zeichen für die Einheit der Menschheit sein; sie ist aber nicht eine Vorstufe für die Einheit der Menschheit und geht auch nicht in dieser auf. Daß er diese Meinung verträte, wird nun freilich dem Ökumenischen Rat vorgehalten. So heißt es in der »Berliner Ökumene-Erklärung«, mit der evangelikale Gruppen 1974 an die Öffentlichkeit traten:

»Wir wenden uns gegen die falsche Lehre, daß die Einheit der Kirche ein Schritt auf dem Wege zur allumfassenden Einheit der ganzen Menschheit sei. Diese Lehre verwischt die Scheidelinie zwischen Kirche und Welt und verwechselt das Reich Gottes mit einer humanistisch gefaßten Weltgemeinschaft.«[26]

Der Fehler ökumenischer Theologie wird hier in einer Verwechslung (oder auch: einer Identifikation) zwischen dem Reich Gottes, dessen Kommen allein Gott zu verdanken ist, und einer Weltgemeinschaft, die das Ergebnis menschlichen Handelns wäre, gesehen. Ich will diese schon vor Jahren

geäußerte Kritik an zwei neueren Dokumenten der ökumenischen Diskussion überprüfen.
Das erste Dokument ist der 1978 in Bangalore/Indien verabschiedete Text der Kommission für Glauben und Kirchenverfassung »Eine gemeinsame Rechenschaft von der Hoffnung«. Er ist für unsere Frage besonders wichtig; denn sein Thema ist die Hoffnung der Christen. Dieser Text nun unterscheidet sorgfältig zwischen der »letztgültigen Hoffnung« und »unseren geschichtlichen Hoffnungen«. Der entsprechende Abschnitt ist knapp, aber eindeutig:

»Wie in einem Spiegel sehen wir in Christus den Willen Gottes. Er kam und wird kommen als die Offenbarung von Recht und Gerechtigkeit. Ihm steht das letzte Urteil über die Welt zu . . . Die letztgültige Hoffnung auf Christi Herrschaft und Gottes kommendes Reich kann nicht von unseren geschichtlichen Hoffnungen für Freiheit, Gerechtigkeit, Gleichheit und Frieden geschieden, sie darf auch nicht mit ihnen identifiziert werden. Unsere Bemühungen um menschliche Wohlfahrt werden gerichtet und verwandelt in einem Leben mit Gott, das von den freien Gaben der Vergebung, des neuen Lebens und Heils geprägt ist. Im Vorgriff darauf wagen wir zu hoffen, daß Sehnen und Kämpfen der Menschen gerechtfertigt und ihr Gelingen letztlich in Gottes Händen ist.«[27]

Die letztgültige Hoffnung richtet sich auf die Überwindung des Todes, deren Angeld die Auferweckung Jesu Christi von den Toten ist. Geschichtliche Hoffnungen richten sich auf die Verminderung von Leiden und gewaltsamem Tod, auf die Überwindung von Diskriminierung und Abhängigkeit, auf die Vermehrung von Gerechtigkeit und Frieden. Die Zielbegriffe geschichtlichen Handelns sind Relationsbegriffe; die Erwartung des Reiches Gottes ist die Erwartung eines Neuen. Doch diese Erwartung inspiriert und ermutigt zur geschichtlichen Aktion, zur Teilnahme an der Treue Gottes zu dieser Welt.
Wenden wir uns nun dem anderen Dokument zu, von dem

die Rede sein soll. Es handelt sich um das Studiendokument über »Grundlagen einer gerechten, partizipatorischen und verantwortbaren Gesellschaft«, das ebenfalls im Jahr 1978 entstand. Es lag dem Zentralausschuß des ÖRK bei seiner Sitzung im Januar 1979 vor, wurde aber nicht von ihm verabschiedet, sondern aus theologischen Gründen zur Überarbeitung zurückverwiesen. Fragt man nach »der« Theologie des Ökumenischen Rats, so müßte man also eher diese Zurückweisung durch den Zentralausschuß als das Studiendokument selbst zum Maßstab nehmen.

Auch das Studiendokument unterscheidet zwischen dem Reich Gottes, das in der Geschichte nicht erfüllt werden kann, und geschichtlichem Handeln. Doch dieses geschichtliche Handeln wird gleichwohl als Beitrag zur fortschreitenden Verwirklichung des »messianischen Reichs« gedeutet. Deshalb kann auch der geschichtliche Prozeß selbst bereits als messianisch verstanden werden; geschichtliche Aktionen und Rückschläge sind deshalb als »Entwicklungsphasen eines dynamischen Prozesses« zu verstehen, der unter der »messianischen Perspektive des Reiches« steht[28].

Wie ist diese Verbindung von geschichtlichem Handeln und messianischer Erwartung zu beurteilen? Zunächst ist dem Studiendokument in einem entscheidenden Punkt zuzustimmen: Wenn wir die Messianität Jesu ernst nehmen, so folgt daraus, daß die Kirche an der messianischen Geschichte Jesu Christi teilnimmt; auch gegenwärtige Erfahrungen und Handlungen stehen im Horizont der messianischen Geschichte, um deretwillen wir Jesus von Nazareth als den Christus, d. h. den Messias bezeichnen. Doch die Geschichte Jesu Christi ist vor allem anderen dadurch bestimmt, daß seine Messianität im Kreuzestod und in der Auferweckung zu ihrer Wahrheit kommt. Jesu Messianität hat die Gestalt der ohnmächtigen Teilnahme am Harren der Kreatur; damit verbindet sich die Verheißung, daß Leiden und Tod überwunden werden. Diese Umformung des Messiasgedankens durch das Christusgeschehen kommt nach meinem Urteil in dem Studiendokument nicht ausreichend zur Geltung; deshalb klingen manche Formulierungen so, als werde hier eine evolutionistische Deutung des Reiches Gottes vertreten – eine Deutung, nach der das Reich Gottes durch geschichtliches Handeln schrittweise herbeigeführt wird. Die Geschichte wird in dem Studiendokument als ein dynamischer Prozeß gedeutet, der schließlich in die volle Verwirklichung des Reiches Gottes mündet. Auch Rückschläge erhalten ihren Sinn aus der Teilhabe an diesem, im Ganzen auf den Fortschritt zum Reich Gottes gerichteten Prozeß.

Vergleichbare Überlegungen begegnen auch im Zusammenhang mit dem viel diskutierten »Programm zur Bekämpfung des Rassismus«. Manche Formulierungen in Arbeitsdokumenten, nicht in offiziellen Erklärungen zu diesem Programm klingen so, als werde das Kommen des Reiches Gottes kausal von menschlichem Handeln abhängig gemacht: wird der Rassismus nicht beseitigt, so fehlt eine Grundvoraussetzung für das Kommen des Reiches[29].

So wird man jedoch das Verhältnis zwischen göttlichem und menschlichem Handeln nicht bestimmen können. Der Mensch ist nachfolgender Mitarbeiter Gottes; er kann nicht Voraussetzungen für den Anbruch des Reiches Gottes schaffen, sondern nur versuchen, in seinem Handeln an der Gerechtigkeit des Reiches Gottes teilzuhaben. Menschliches Handeln ist keine Voraussetzung für den Anbruch des Reiches Gottes; aber auch das Unterlassen menschlicher Handlungen ist keine solche Voraussetzung. Messianismus und Quietismus entsprechen einander in der theologischen Struktur genau; deshalb treten sie auch oft als feindliche Brüder auf. Doch weder der Messianismus, der menschliches Handeln zur Bedingung des Reiches Gottes macht, noch der Quietismus, der das Unterlassen zur Bedingung des Reiches Gottes erklärt, sind durch die Verheißung des Reiches Gottes gerechtfertigt. Menschliches Eintreten für Gerechtigkeit und Frieden ist nicht eine *Bedingung* für den Anbruch des Reiches Gottes, sondern es ist eine *Folge* der Verheißung des Reiches.

Das Studiendokument will einschärfen, wie dringlich es ist,

daß Menschen sich für eine gerechte, partizipatorische und lebensfähige Gesellschaft einsetzen. In den theologischen Überlegungen des Papiers spiegelt sich die Massivität der Herausforderungen, vor denen wir heute stehen. Doch wir nehmen der Aufforderung zum Handeln nichts von ihrer Dringlichkeit, wenn wir das Handeln der Menschen in der Geschichte nicht als eine allmähliche Herbeiführung des Reiches Gottes, sondern als Folge aus der uns gegebenen Verheißung des Reiches deuten. Wir reißen damit die verheißene Zukunft Gottes und das geschichtliche Handeln der Menschen nicht auseinander; aber wir unterscheiden sie deutlicher, um so ihren Zusammenhang besser zu verstehen. Die Verheißung des Reiches Gottes hat für menschliches Handeln vor allem eine zweifache Bedeutung: kritisch-begrenzend weist sie auf die Endlichkeit, die ständige Überbietbarkeit menschlichen Handelns hin und bewahrt es so davor, sei es in messianischer sei es in apokalyptischer Perspektive absolut gesetzt zu werden. Und befreiend-inspirierend setzt die Verheißung des Reiches Gottes unser Handeln in Bewegung – hin auf Ziele, in denen gleichnishafte Entsprechungen zu der Hoffnung aufleuchten, die wir in die Zukunft Gottes setzen. Frieden, Gerechtigkeit und Freiheit sind solche Ziele, die den Charakter gleichnishafter Entsprechungen zur Hoffnung auf das Reich Gottes tragen. Christen hoffen auf die Verwirklichung solcher Ziele und kämpfen für sie, weil sie aus der Verheißung des Reiches Gottes leben.

Liegt, so fragen wir zusammenfassend, in »der« Theologie des Ökumenischen Rates eine Verwechslung (bzw. Identifikation) zwischen dem Reich Gottes und einer »humanistisch gefaßten Weltgemeinschaft« vor? Wir haben diese Frage an zwei Dokumenten der neueren ökumenischen Diskussion überprüft. Die Antwort muß heißen: Eine derartige Verwechslung oder Identifikation liegt nicht vor. Es ist an der Zeit, daß dieser Vorwurf von denen, die ihn erhoben haben, in aller Form zurückgenommen statt dauernd wiederholt wird. Die theologischen Dokumente des Ökumenischen

Rats unterscheiden deutlich zwischen der letztgültigen Hoffnung und den geschichtlichen Hoffnungen. Das Studiendokument über die »Grundlagen einer gerechten, partizipatorischen und verantwortbaren Gesellschaft« verbindet allerdings, wie wir sehen, geschichtliches Handeln und endzeitliche Hoffnung dergestalt miteinander, daß menschliches Handeln zur Dynamik der messianischen Geschichte und damit zur fortschreitenden Verwirklichung des Reiches Gottes beiträgt; gelegentlich wird eine solche Sichtweise auf das »Programm zur Bekämpfung des Rassismus« übertragen – unter Umständen sogar in der Zuspitzung, daß die Beseitigung des Rassismus zur Voraussetzung für das Kommen des Reiches Gottes erklärt wird. Solche theologischen Folgerungen sind vom Zentralausschuß des ÖRK im Januar 1979 aber gerade nicht akzeptiert worden. In der Frage, wie die Verheißung des Reiches Gottes und menschliches Geschichtshandeln aufeinander zu beziehen sind, hat sich der Zentralausschuß vielmehr für das Hoffnungsdokument von Bangalore entschieden – und ich denke, mit vollem theologischen Recht.

4. *Die Kirche und die politischen Prozesse unserer Zeit*

Verfolgt man die Kontroversen, die in den letzten Jahren durch Initiativen des ÖRK ausgelöst wurden, so münden alle in die Frage nach Kriterien für die Beteiligung der Kirche an politischen Vorgängen. Viele Erwägungen zum Kirchenverständnis oder zur Eschatologie im ökumenischen Horizont haben ihr offenes oder verborgenes Motiv in dieser Frage. Daß hier das leitende Interesse für viele Debatten zu suchen ist, kann man sich an einer Reihe von Dokumenten besonders gut veranschaulichen, die in der Evangelischen Kirche in Deutschland zum Grundsatzgespräch mit dem Ökumenischen Rat ausgearbeitet worden sind. Ich nenne einige Beispiele:

Das Memorandum des Rates der EKD vom 6. November 1978 über das Verhältnis zum ÖRK ist von der Sorge bestimmt, daß »die Kirchen nach außen ins Zwielicht geraten und nach innen ihre Gemeinschaft und ihre gemeinsamen Aufgaben gefährden, wenn ihre Handlungen im gesellschaftlichen Bereich mit parteipolitischen Optionen verbunden sind«; und es plädiert deshalb für »eine Überprüfung der Kriterien für die kirchliche Beteiligung an politischen Prozessen«[30]. Im Gegensatz zu der Auffassung, daß eine Parteinahme für rassisch und wirtschaftlich unterdrückte Gruppen den Versöhnungsauftrag der Kirche behindere, sagt dagegen das »Plädoyer für eine ökumenische Zukunft« vom Juli 1979: Der Versöhnungsauftrag erspart es uns nicht, »klar zwischen Recht und Unrecht zu unterscheiden und Stellung zu beziehen ... Deshalb kann der Dienst der Versöhnung weder über den Parteien stehend wahrgenommen werden noch getrennt werden von Bemühungen, ungerechte Strukturen zu beseitigen«[31]. Dasselbe Thema bestimmt schließlich auch die Fragen, die die Synode der EKD im November 1978 für das Gespräch über theologische Grundsatzfragen im Verhältnis zwischen EKD und Ökumene zusammengestellt hat. Die erste dieser Fragen heißt: »Erlaubt die biblische Botschaft von Jesus Christus seine Inanspruchnahme für bestimmte politische Programme?«[32] An diese Fragestellung knüpfen die folgenden Überlegungen an.

In dem Streit um die politischen Aktionen des ÖRK wird – vor allem von Kirchenleitungen in der Bundesrepublik – geltend gemacht, daß der ÖRK mit seinem »Programm zur Bekämpfung des Rassismus« politisch Partei ergriffen und damit die Einheit der Kirche einer Belastungsprobe ausgesetzt habe. Dieses Urteil trifft zu. Es ist jedoch notwendig, die in einer solchen Einschätzung liegenden Kriterien auch auf die eigene Situation zu beziehen und nach der Parteilichkeit der Kirchen in der Bundesrepublik zu fragen. Denn gerade wenn wir den kirchlichen Charakter des ÖRK ernst nehmen, müssen wir alle Kriterien, die wir an sein Handeln

anlegen, auch als Kriterien für unser eigenes Handeln als Kirche – als Ortsgemeinde oder als Initiativgruppe, als regionale Landeskirche oder als EKD – gelten lassen. Wir müssen es uns verbieten, das Handeln des ÖRK unter Kriterien zu betrachten, die auf uns selbst anzuwenden wir nicht die Kraft haben oder nicht bereit sind.
Wir dürfen uns also die Frage nicht ersparen, ob die Kirchen in der Bundesrepublik für bestimmte politische Programme Partei ergreifen – und wenn ja, für welche. Die evangelischen Kirchen nehmen in der Regel – von politischen Einzelfragen abgesehen – nicht dezidiert für oder gegen eine der im Bundestag vertretenen Parteien Stellung. Ihnen gegenüber herrscht vielmehr, wie dies gelegentlich genannt wurde, der Grundsatz der »Äquidistanz«. Es wäre allerdings eine unvertretbare Verkürzung, wenn wir die Frage nach der politischen Parteilichkeit der deutschen Kirchen nur in einem engen parteipolitischen Sinn und im nationalstaatlichen Rahmen stellen würden. Vielmehr müssen wir fragen: Sind unsere Kirchen auch neutral oder distanziert gegenüber dem politisch-ökonomischen Programm, das die Bundesrepublik Deutschland insgesamt bestimmt, gegenüber dem Programm also, als dessen Anwalt die Bundesrepublik in den Augen anderer Länder und Völker erscheint? Haben die Kirchen in der Bundesrepublik angesichts der weltweiten Konflikte zwischen konkurrierenden Hegemonieansprüchen, zwischen gegensätzlichen Wirtschaftssystemen, zwischen unterschiedlichen Staatsformen, zwischen den Industriestaaten und den Staaten der Dritten und Vierten Welt – haben sie, so müssen wir uns fragen, in diesen Konflikten nicht tatsächlich vielfach und in höchst unterschiedlichen Formen Partei ergriffen? Einerseits haben die Kirchen in der Bundesrepublik – vor allem in ihren Erklärungen zu den Welthandelskonferenzen[33] – relativ deutlich auf die ungerechten und ausbeuterischen Strukturen des gegenwärtigen Weltwirtschaftssystems hingewiesen. Gleichzeitig aber sind sie selbst mit denjenigen Interessen auf vielfältige Weise verflochten, die von den Ungerechtigkeiten der gegenwärti-

gen Weltwirtschaft profitieren. Auf diesen Zusammenhang weist eine kirchliche Stellungnahme zur Lage im südlichen Afrika hin, indem sie sagt: »Auch unsere eigenen Interessen sind berührt.« Erläuternd wird hinzugefügt: »Es gibt eine Interessengemeinschaft, durch die unser Land in vielfältiger Weise mit der Wirtschaft in Südafrika verbunden ist.«[34] Die Interessenbindung der deutschen Kirchen wird häufig von ökumenischen Partnern schärfer und zugespitzter wahrgenommen als von den Vertretern der deutschen Kirchen selbst. So fragt zum Beispiel die Allafrikanische Kirchenkonferenz, inwieweit die Stellungnahmen aus deutschen Kirchen zu den Konflikten im südlichen Afrika von »bewußten und unbewußten Bindungen durch eigene Interessen« bestimmt sind[35]. Wenn wir die Frage stellen, inwieweit eine politische Parteinahme der Kirche gerechtfertigt sei, so müssen wir diese Frage also zunächst selbstkritisch auf die eigene Verflechtung in die ökonomischen und politischen Gegebenheiten und Interessen unseres Landes zurückwenden.

Die Synode der EKD hat im November 1978 die Frage nach der politischen Parteinahme der Kirche in eigentümlicher Weise zugespitzt. Sie hat nämlich gefragt, ob eine »Inanspruchnahme Jesu Christi« für bestimmte politische Programme durch die biblische Botschaft erlaubt sei. Diese Frage wird man mit Sicherheit verneinen müssen. Denn der biblischen Botschaft geht es insgesamt nicht darum, wofür die Kirche Jesus Christus in Anspruch nehmen kann, sondern vielmehr darum, wofür sie durch ihn in Anspruch genommen *ist.* Die Frage muß also heißen: Fordert die Inanspruchnahme der Kirche durch Jesus Christus die Parteinahme für bestimmte politische Programme – und wenn ja, für welche?

Die entscheidende Antwort auf diese Frage ist in dem Fragenkatalog der EKD-Synode, den ich gerade zitierte, selbst enthalten. Denn dort wird ausdrücklich auf die der Kirche gebotene Solidarität mit den Leidenden hingewiesen. Weil die Kirche durch Jesus Christus in Anspruch genommen ist, der sich mit den Leidenden identifiziert, deshalb ist ihr Solidarität mit den Leidenden geboten. Das ist – wenn auch in ganz anderem Sinn, als das Wort üblicherweise verwendet wird – das politische »Programm«, für das die Kirche sich in Anspruch nehmen lassen muß. Wenn es ernst gemeint ist, so ist dies eine Beteiligung mit praktischer, nicht nur mit rhetorischer Konsequenz. *Eine* praktische Konsequenz sollte nach meiner Überzeugung in folgendem liegen: Bevor die Kirchen in der Bundesrepublik politische Aktionen christlicher Gruppen in anderen Ländern oder auch des Ökumenischen Rats kritisieren, müssen sie prüfen, ob ihre eigenen Interessenbindungen und gesellschaftlichen Verflechtungen – also ihre eigenen Parteinahmen – der gebotenen Solidarität mit den Leidenden entsprechen oder nicht. Bevor sie Bedenken gegen die Handlungen anderer erheben, müssen sie sich selbst fragen, ob sie selbst entschieden genug den wirtschaftlichen, militärischen und politischen Abhängigkeiten in der einen Welt widersprochen haben und nachhaltig für eine Gemeinschaft der Menschen in Frieden, Gerechtigkeit und Freiheit eingetreten sind. Die Debatten, die in den letzten Jahren in Deutschland über politische Aktionen des Ökumenischen Rats stattgefunden haben, wären vermutlich anders verlaufen, wenn ihnen eine solche – möglichst schonungslose – Selbstaufklärung der deutschen Kirchen vorausgegangen wäre.

Auch im Blick auf die politische Verantwortung der Kirchen gilt: die wichtigste Aufgabe der ökumenischen Bewegung besteht darin, die Kirchen aus der Sackgasse von Antworten zu befreien, die trennen. Gerade die Kirchen, die an den »bevorzugten Orten« dieser Welt[36] leben: die Kirchen in den reichen Industriestaaten also haben eine solche Befreiung bitter nötig. Sie ist der erste Schritt zu einem Handeln, das der Solidarität mit den Leidenden entspringt.

Jedoch: kann die Kirche sich auf Grund ihrer Solidarität mit den Leidenden überhaupt mit bestimmten *Handlungsformen* identifizieren? Diese Frage wurde in den letzten Jahren in Zuspitzung auf den einen Fall diskutiert, ob die Kirche für

Gruppen Partei ergreifen könne, die zum Mittel physischer Gewalt greifen. Die Vergabe von Mitteln an Befreiungsbewegungen – vor allem im südlichen Afrika –, die im Rahmen des Sonderfonds des Programms zur Bekämpfung des Rassismus erfolgte, bot den Anlaß zu dieser Debatte. Deren Zuspitzung auf das Gewaltproblem hat häufig den Blick darauf verstellt, daß die Solidarität mit den Leidenden in jedem Fall praktisch-politische Konsequenzen erfordert. Diese Konsequenzen können nicht durch eine Debatte über das Gewaltproblem *ersetzt* werden. Die Überzeugung vom Vorrang gewaltfreien Handelns müßte sich – soll sie glaubhaft sein – also darin äußern, daß alternative Handlungskonzepte zur Gewaltanwendung entworfen, aber nicht nur entworfen, sondern auch praktiziert werden. Über solche Handlungsformen wird es Kontroversen geben; man wird kaum einmal sagen können, eine bestimmte Handlungsweise sei als einzige dem Christen unbedingt geboten. Jedenfalls aber gilt: Wer solidarisch sein will, kann sich mit der reinen Negation: der Ablehnung gewaltsamen Handelns allein nicht begnügen; denn in der reinen Negation wird die Solidarität verweigert. Man bekennt sich dann scheinbar zu einem christlichen Prinzip und verweigert sich doch der Inanspruchnahme durch Jesus Christus, die in die praktische Solidarität mit den Leidenden führt.
Im Zusammenhang des »Programms zur Bekämpfung des Rassismus«, von dem gerade die Rede war, ist die Verwicklung der Kirche in die politischen Prozesse unserer Zeit während der letzten Jahre mit besonderer Leidenschaft diskutiert worden. Gerade hier liegen deshalb Mißverständnisse nahe. Darum will ich denselben Gedanken noch einmal anders formulieren: Christen und Kirchen sind durch die Botschaft Jesu für ein Handeln in Anspruch genommen, das durch den Vorrang der Gewaltfreiheit bestimmt ist. Dieser Inanspruchnahme wird man aber gerade nicht gerecht, wenn man zur Untätigkeit seine Zuflucht nimmt. Gefordert ist vielmehr eine gehorsame Phantasie, die nach alternativen Handlungsmöglichkeiten Ausschau hält, die den Teufels-

kreis der Gewalt durchbrechen könnten, sie aber nicht nur erwägt, sondern auch verwirklicht. Gerade weil diese Aufgabe so wichtig ist, verdienen es auch bescheidene Ansätze mit begrenzter Wirkung, ernst genommen zu werden. Deshalb hätte ich mir gewünscht, daß die EKD die von der Evangelischen Frauenarbeit in Deutschland initiierte Aktion »Kauft keine Früchte der Apartheid«, die im Jahr 1978 begonnen wurde, bejaht und aktiv gefördert hätte. Man hätte darin eine praktische Konsequenz aus früheren Äußerungen des Rats der EKD sehen können. Denn der Rat der EKD – das wichtigste Leitungsgremium der Evangelischen Kirche in Deutschland – hat es selbst einmal als eine Aufgabe der Kirche bezeichnet, »ökumenische Verantwortung zu praktizieren«. Es gehört, so heißt es in dieser Äußerung aus dem Jahr 1975, zur weltweiten Verantwortung der Kirche, daß »sie ohne Rücksicht auf ungerechte Kritik und ohne Sorge um den eigenen Bestand die Nöte, Schäden und Gefahren der Menschheit in den verschiedenen Regionen offen anspricht, ihre Ursachen namhaft macht und bei der Suche nach Lösungen hilft«[37].

Wenn wir von der Verwicklung der Kirche in die politischen Prozesse unserer Zeit sprechen, so reden wir nicht von einem Thema, das die Kirche nur beiläufig oder am Rande berührt. Es trifft vielmehr in den Kern ihrer Existenz. Die Kirche ist eine *Gemeinschaft der Erinnerung*. Sie hält die Erinnerung wach an Leben, Tod und Auferweckung Jesu als das Unterpfand der lebensfreundlichen Treue Gottes zu seiner Schöpfung und bezeugt so die Gegenwart des lebendigen Christus. Die Kirche ist zugleich eine *Gemeinschaft der Hoffnung*. Sie steht für die Hoffnung auf das Reich Gottes ein, in dem Gott Leiden und Tod überwinden wird, auf das Reich, in dem Freiheit, Gerechtigkeit und Frieden herrschen werden. Aus dieser Erinnerung und in dieser Hoffnung ist sie ein Anwalt und Vorkämpfer geschichtlicher Hoffnungen: der Hoffnung auf einen verantwortbaren Umgang mit der Natur, der Hoffnung auf die Bewahrung und Verwirklichung von Frieden, der Hoffnung auf die freie Kommunikation zwischen Menschen, der Hoffnung auf ein gerechteres gesellschaftliches Zusammenleben.

Die Mitverantwortung für die Zukunft der Welt in der Erwartung des Reiches Gottes ist unteilbar. Evangelisches Kirchenverständnis gibt keinen Anhaltspunkt dafür, hier zwischen der Verantwortung des einzelnen und der Verantwortung der Kirche in einem prinzipiellen Sinn zu unterscheiden. Zwar kann es Situationen geben, in denen einzelne sich zu Entscheidungen genötigt sehen, die die Kirche als Gemeinschaft (noch) nicht vollziehen kann, Situationen vor allem, in denen einzelne Schuld übernehmen müssen, die die Kirche als ganze zu übernehmen (noch) nicht bereit ist. Hierfür ist das Leben Dietrich Bonhoeffers ein sprechendes Beispiel. Doch solche Beispiele berechtigen gerade nicht dazu, die Verantwortung der Kirche und die Verantwortung des einzelnen voneinander zu trennen. Denn die *Gemeinschaft* der Glaubenden ist mitverantwortlich für die »Nöte, Schäden und Gefahren der Menschheit«.

Ebenso ist es unmöglich, *Grenzen* kirchlicher Mitverantwortung in einem prinzipiellen Sinn festzulegen; denn »das Revier der Kirche Christi ist die ganze Welt«[38]. Nur *Stufen* kirchlichen Handelns lassen sich unterscheiden: der Appell an die Regierenden, das Eintreten für die Opfer staatlichen oder gesellschaftlichen Handelns und der »Griff in die Speichen des Rades«, also die unmittelbare Aktion, sind drei derartige Stufen kirchlichen Handelns im Feld der Politik[39]. Ob und wenn ja: auf welcher Stufe jeweils zu handeln ist, hängt von dem Urteil über die gegebene Situation und über die der Kirche verfügbaren Handlungsmöglichkeiten ab. Die Notwendigkeit dieses Urteils wird immer wieder in der Kirche selbst zu Konflikten führen. Gerade darin zeigt sich, daß die Kirche teil hat an den Konflikten ihrer jeweiligen Gegenwart. Die Frage ist, ob sie diese Konflikte als Kirche, das heißt in Prozessen konziliarer Entscheidung lösen kann. Die ökumenische Gemeinschaft nötigt uns dazu, diesen Konflikten nicht auszuweichen. Sie kann uns dazu helfen, konziliare Gemeinschaft zu erfahren und die unausweichlichen Konflikte in einem produktiven Streit um die Wahrheit auszutragen. So können sich die beiden Grunderfahrungen miteinander verbinden, die wir heute mit der Ökumene machen: die Erfahrung des Konflikts und die Erfahrung der Gemeinschaft.

II. Theologie in der Begegnung

So dringlich wie die Verwirklichung ökumenischer Gemeinschaft ist die Ausbildung einer ökumenischen Theologie[1]. Deren Notwendigkeit wird von klarsichtigen Vorkämpfern der ökumenischen Bewegung schon lange erkannt. Vor nahezu einem halben Jahrhundert begann Dietrich Bonhoeffer, damals Jugendsekretär des »Weltbunds für Freundschaftsarbeit der Kirchen«, einen ökumenischen Vortrag mit folgenden Sätzen:

»Es gibt noch keine Theologie der ökumenischen Bewegung. So oft die Kirche Christi in ihrer Geschichte zu einem neuen Verständnis ihres Wesens kam, hat sie eine neue, diesem ihrem Selbstverständnis angemessene Theologie hervorgebracht. Eine Wendung des kirchlichen Selbstverständnisses erweist sich als echt dadurch, daß sie eine Theologie hervorbringt. Denn Theologie ist die Selbstverständigung der Kirche über ihr eigenes Wesen auf Grund ihres Verständnisses der Offenbarung Gottes in Christus, und diese Selbstverständigung setzt notwendig immer dort ein, wo eine neue Wendung im kirchlichen Selbstverständnis vorliegt. Entspringt die ökumenische Bewegung einem neuen Selbstverständnis der Kirche Christi, so muß und wird sie eine Theologie hervorbringen. Gelingt ihr das nicht, so wird das ein Beweis dafür sein, daß sie nichts ist als eine neue zeitgemäße kirchliche Zweckorganisation. Von einer solchen verlangt man keine Theologie, sondern nur ein ganz bestimmtes Handeln in einer konkreten Aufgabe. Es gibt auch keine Theologie der Mitternachtsmission. Es ist aber sehr wichtig zu sehen, daß je nachdem die ökumenische Bewegung etwas völlig Verschiedenes ist.«[2]

Was ist die ökumenische Bewegung – eine neue Gestalt des Selbstverständnisses der Kirche oder eine kirchliche Zweckorganisation? Die Überlegungen des ersten Kapitels führten uns zu dem Ergebnis, daß die ökumenische Bewegung nicht als Zweckorganisation aufgefaßt werden kann, sondern als Gestalt der Kirche verstanden werden muß. Als kirchliche Föderation, die die Einheit der Kirche erfahrbar machen soll, hat sie teil an einer der Grundgestalten der Kirche. Die Ökumene als Grundgestalt der Kirche bedarf der Selbstauslegung, sie bedarf der Theologie.

Es gibt manche Entwürfe ökumenischer Theologie; doch man wird nicht erwarten können, daß ein einzelner Entwurf die Erwartungen zu erfüllen vermag, die mit der Forderung nach einer ökumenischen Theologie verbunden sind. Es widerspräche dem Wesen der ökumenischen Bewegung, wenn sich in ihr ein »Normalkonzept« der Theologie durchsetzen würde. Denn zum Wesen der ökumenischen Bewegung gehört es, daß sie den Reichtum des Besonderen zur Entfaltung bringt. Nicht um ein einheitliches Konzept ökumenischer Theologie kann es gehen. Wohl aber müssen die *Bedingungen* geklärt werden, unter denen sich theologisches Gespräch und theologische Arbeit im Horizont der Ökumene entfalten können. Die Überlegungen, die wir anstellen wollen, zielen also auf die Struktur ökumenischer Theologie. Ich erörtere diese Frage am Beispiel theologischer Konzeptionen, die in den letzten Jahren in das Zentrum ökumenischer Aufmerksamkeit getreten sind: der »Theologie der Befreiung« und der »Schwarzen Theologie«.

1. Was ist »ökumenische Theologie«?

Doch zunächst müssen wir uns der Frage zuwenden, wie der Begriff »ökumenische Theologie« selbst verstanden werden soll. Vor einigen Jahren veranstaltete die Monatszeitschrift »Evangelische Kommentare« eine Artikelserie zu der Frage »Was ist los mit der deutschen Theologie?« Die Ökumene spielte in dieser breit angelegten Serie kaum eine Rolle. Dem einzigen katholischen Teilnehmer an dieser Diskussion,

Herbert Vorgrimler, blieb es vorbehalten, auf die tiefreichende Infragestellung hinzuweisen, die aus der Ökumene auf unsere herkömmliche Form von Theologie zukommt. Die Theologien Lateinamerikas, Afrikas und Asiens sind – so meint Vorgrimler – deshalb um so vieles verheißungsvoller als die Theologie des alten Europa, weil sie nicht in einem selbstgenügsamen Wissenschaftsbetrieb befangen sind; vielmehr stellen sie sich als der zukunftsorientierte und praxisbezogene Versuch dar, Theologie als Theologie des Volkes zu betreiben[3]. Eine »Theologie des Volkes« zu entwickeln heißt, auf die konkreten Erfahrungen von Menschen zu achten. Eine »Theologie des Volkes« zu entwickeln heißt, auf das Leiden, die Unterdrückung und die Gefangenschaft des Volkes zu achten, in denen uns das Leiden Gottes begegnet. Eine »Theologie des Volkes« zu entwickeln heißt schließlich, die Botschaft von der Befreiung und Versöhnung der Menschen durch Gott so auszulegen, daß ihre Konsequenzen für Taten der Befreiung und Versöhnung ans Licht treten.

Wenn man sich auf solche Herausforderungen einläßt, kehrt sich der Weg theologischen Lernens um. Noch immer verstehen wir Europäer uns jedoch weithin als Lehrmeister und Missionare, die das von ihnen Erkannte in die Welt zu tragen haben. Damit aber verstellen wir uns gerade die Möglichkeit, uns von den Theologien Asiens, Afrikas und Lateinamerikas in Frage stellen zu lassen. Wenn wir demgegenüber versuchen, den Weg theologischen Lernens umzukehren, so zeigt sich darin ein verändertes Verständnis von »ökumenischer Theologie«. Wenn wir versuchen, Infragestellungen aus der Ökumene ernst zu nehmen, so ist dies etwas anders als die – gleichfalls sicher notwendige – traditionelle Form »ökumenischer Theologie«, in der einzelne durch die Ökumene gestellte Themen unter dogmatischem Aspekt im Rahmen einer jeweiligen konfessionellen Tradition behandelt werden. Vielmehr geht es darum, die ökumenische Dimension als grundlegende Dimension aller Theologie in der Gegenwart zu betrachten. Die Ausgangsthese muß also heißen:

Theologie ist nicht nur im Anhang, sondern ganz und gar ökumenische Theologie. Eine Theologie, die diese grundlegende Dimension vernachlässigt oder vergißt, verweigert sich der Zeit, in der wir leben. Sie verweigert sich der Frage nach der Zukunft der Christenheit; denn diese Zukunft wird eine ökumenische sein.

Alle wirksamen theologischen Entwürfe der Christentumsgeschichte sind dadurch ausgezeichnet, daß sie Antwort auf ihre eigene weltgeschichtliche Stunde zu geben versuchen[4]. Sie versuchen, ihrer geschichtlichen Stunde gerecht zu werden, und geben gerade so Antworten, die über ihre gegenwärtige Situation auch hinausweisen. Sie legen die Rede von Gott und das Bekenntnis zu Christus als dem Herrn aus als Antwort auf die Herausforderungen, die ihre geschichtliche Wirklichkeit ihnen bietet. Sie zeigen, inwiefern der Glaube eine Erfahrung ist, die man mit der jeweils gegenwärtigen Erfahrung der Geschichte machen kann. Sie verarbeiten ihre weltgeschichtliche Stunde in der Gestalt theologischer Interpretation. So deutet die Theologie des Paulus den epochalen Übergang zur Heidenmission; Augustins Entwurf über den Gottesstaat ist eine Antwort auf den Fall des Römischen Reichs im Jahr 410; Luthers Theologie konfrontiert die Situation des Menschen am Beginn der Neuzeit mit dem Evangelium von der Rechtfertigung und entfaltet dadurch eine weltgeschichtlich revolutionäre Wirkung. Alle wichtigen theologischen Entwürfe sind eine Antwort auf die geschichtliche Stunde, der sie entstammen.

Was wären die grundlegenden Bestimmungen einer Theologie, die unserer heutigen weltgeschichtlichen Stunde gerecht würde? Sie wäre eben nicht nur im Anhang, sondern ganz und gar ökumenische Theologie. Denn unsere geschichtliche Gegenwart ist durch die Erfahrung geprägt, daß die ganze bewohnte Erde nur als »eine Welt« begriffen werden kann. Heinz Eduard Tödt hat schon vor bald eineinhalb Jahrzehnten – vor allem in der gemeinsam mit Günter Howe publizierten Schrift über »Frieden im wissenschaftlich-technischen Zeitalter« von 1966 – deutlich gemacht, daß diese

Erfahrung der »einen Welt« zu einer neuen Gestalt ökumenischer Theologie nötigt. Programmatisch hat er eine »ökumenische Theologie im Blick auf eine kommende Weltgemeinschaft« gefordert[5]. Es ist dieser Begriff ökumenischer Theologie, an den die folgenden Überlegungen anknüpfen.

Die ganze bewohnte Erde kann nur noch als »eine Welt« begriffen werden. Sie wird zur »einen Welt« durch die wirtschaftlichen und politischen Abhängigkeiten, die sie prägen. Sie wird zur »einen Welt«, weil Technik und Industrialisierung weltweite Auswirkungen haben und die Lebensbedingungen auf allen Kontinenten verändern und bedrohen. Sie wird zur einen Welt, weil die militärischen Gewaltpotentiale, die auf der Erde angesammelt sind, eine Isolierung einzelner Erdteile voneinander nicht mehr zulassen. Schon der Hinweis auf diese Faktoren aber zeigt: die Einheit der »einen Welt« hat die Gestalt des Gegensatzes, der Diskrepanz. Unser Wissen davon, was um eines menschenwürdigen Lebens willen notwendig wäre, und unser faktisches Handeln klaffen auseinander; wir häufen Reichtümer an und produzieren Armut; täglich erreichen uns Informationen aus aller Welt, und wir bleiben doch in einem »parochialen« Bewußtsein gefangen; wir hoffen auf die eine Kirche, die sich zu einem Herrn bekennt, und halten doch an der provinziellen und konfessionalistischen Gestalt unserer Kirchen fest; wir bekennen uns zu den Menschenrechten und muten anderen Menschen Lebensbedingungen zu, die mit den Menschenrechten unvereinbar sind. Die Einheit der »einen Welt« hat die Gestalt der Diskrepanz. Wir erfahren diese Diskrepanzen als Widersprüche, weil die Erfahrung der Einheit der Welt zwar immer wieder verdrängt wird, aber dennoch übermächtig ist. Diese Widersprüche bestimmen auch das Leben der ökumenischen Christenheit. Die Einheit der Weltchristenheit wird in dieser Lage zu einem vorrangigen Kriterium für eine christliche Praxis, die sich an der Aufgabe orientiert, für die Überwindung dieser Widersprüche zu arbeiten und zu kämpfen.

Hieran teilzunehmen ist die Aufgabe einer Theologie, die sich als ökumenische Theologie begreift. Dabei liegt ihr nichts ferner, als die Erfahrung der »einen Welt« mit der Hoffnung auf das Reich Gottes zu *verwechseln.* Etwas ganz anderes gilt für sie: die Erfahrung der »einen Welt« ist diejenige weltgeschichtliche Erfahrung, auf die hin die Hoffnung auf das Reich Gottes heute *ausgelegt* werden muß. Eine Identifikation zwischen beiden würde die Möglichkeit der Auslegung gerade vernichten; denn die Möglichkeit der Auslegung lebt vom Faktum der Differenz.

Die Differenz zwischen der dem christlichen Glauben gegebenen Verheißung und den Situationen, in denen wir leben, nötigt zur Theologie. Theologie ist also – versteht sie sich recht – immer situationsbezogen. Die Erfahrung der einen Welt nötigt uns dazu, Theologie als ökumenische Theologie zu entwerfen. Wollen wir dies als Christen und als Theologen in Europa tun, dann muß dies mit einem wirksamen Bekenntnis der Schuld beginnen. Denn die Gegensätze, in denen sich uns die heutige Welt zeigt, sind weithin verursacht durch die Geschichte und durch das gegenwärtige Handeln europäischer und amerikanischer Staaten und Völker. Diese Gegensätze sind weithin das Ergebnis von Kolonialismus und Neokolonialismus, von imperialem Machtstreben, von ökonomischer Expansion. Die Kirchen und die Theologie sind in diese Schuld verstrickt. Denn die Kirchen sind mit ihrer Mission in erheblichem Umfang dem Muster des Kolonialismus gefolgt. Und die Theologie hat sich häufig an den imperialen Machtanspruch angeschlossen, der die europäisch-amerikanische Wissenschaft überhaupt auszeichnet. Die Apartheidsgesellschaft Südafrikas fordert mit besonderer Schärfe zu dieser Einsicht in eigene Schuld auf. Denn in ihr spiegelt sich in einer konzentrierten Intensität wie in einem Brennglas die Situation einer weltweiten Apartheid, in der wir uns befinden: die Spaltung der Welt in Reiche und Arme, in »have« und »have-not«.

2. *Was ist »Ökumene«?*

Der Begriff der »ökumenischen Theologie«, um den unsere Überlegungen bisher kreisten, ist nur in der Form einer These auszulegen: Theologie ist nicht nur im Anhang, sondern ganz und gar ökumenische Theologie.

Wir nähern uns dem Problem nochmals von einer anderen Seite, indem wir fragen: was wird unter »Ökumene« verstanden, wenn so geredet wird? Gewiß: die ganze, bewohnte Erde – aber praktisch dann doch: die Erde, soweit sie von Christen bewohnt ist. Am deutlichsten ist dieses einschränkende Verständnis von Ökumene in der klassischen Auffassung der ökumenischen Bewegung hervorgetreten: in ihr wurde Ökumene als Versuch der Verständigung zwischen *Konfessionen* aufgefaßt.

Überlagert wurde diese Auffassung allerdings von vornherein durch ein zweites Element, das sich schon daraus ergab, daß die in der ökumenischen Bewegung versammelten Konfessionen in aller Regel nationalkirchlich verfaßt waren und sind. Denn die römisch-katholische Kirche, die als einzige diesen nationalkirchlichen Rahmen sprengt, gehört der organisierten Ökumene nicht unmittelbar an. Die Begegnung zwischen Nationalkirchen aber nötigte zur Verständigung über antagonistische politische Interessen: Ökumene stellte sich also als Ökumene der *Nationen* dar. Daß die Mitgliedskirchen des Ökumenischen Rats nationalkirchlich verfaßt sind, ist der leicht einsehbare Grund dafür, warum auf Konferenzen des Ökumenischen Rats von politischen Kontroversen so viel ausführlicher die Rede sein muß als bei der Katholischen Bischofssynode in Rom: das Nationalkirchentum ist der Grund und nicht etwa ein Säkularmessianismus, wie manche voreilig vermuten.

Seit den sechziger Jahren wurde der durch die Dekolonisierung eingeleitete Prozeß auch ökumenisch nachvollzogen. Die Kirchen Lateinamerikas, Afrikas und Asiens erschienen nun nicht mehr als Objekte beziehungsweise Produkte westlicher Mission, sondern als Subjekte christlicher Existenz und als Produzenten eigener kirchlicher Lebensformen und eigener Theologien. Die Ökumene wurde zu einem Austragungsort der Diskrepanzen, in denen die »eine Welt« Gestalt findet. Die Ökumene mußte nun auch zur Ökumene der *Kulturen*, der *sozioökonomischen Widersprüche*, der *Weltmachtblöcke* werden. Was »Einheit der Kirche« bedeutet, muß nun nicht mehr allein auf die Differenzen der Konfessionen und auf den Streit der Nationen hin ausgelegt werden. Ausgelegt werden muß es nun im Blick auf die unterschiedlichen kulturellen, ökonomischen, sozialen und politischen Bedingungen des Christseins in den verschiedenen Teilen der einen Erde. Gegenüber der zuvor genannten Gestalt der Ökumene – der Ökumene der Nationen – verstärkt sich dabei die Nötigung, die Hoffnung auf die Einheit der Kirche zu den politischen Widersprüchen unserer Zeit ins Verhältnis zu setzen. Wiederum gilt: damit, daß die Einheit der Kirche mit dem erwarteten Reich Gottes gleichgesetzt werde, hat dies nichts zu tun. Sondern die Frage heißt: auf welche geschichtliche Wirklichkeit hin muß heute der Satz christlichen Glaubens ausgelegt werden, daß Jesus Christus den »Zaun« niedergelegt hat, der Menschen (zum Beispiel Juden und Heiden) voneinander trennt (vgl. Eph 2,14)? Wir müssen diese Wahrheit des Glaubens auf die Widersprüche und Gegensätzlichkeiten unserer Welt beziehen, die uns nötigen, von einer weltweiten Apartheid zu sprechen.

Dann aber dürfen wir auch vor einer weiteren Ebene des heutigen Gebrauchs von »Ökumene« nicht zurückscheuen. Die Erfahrung der »einen Welt« nötigt uns dazu, von einer Ökumene der *Religionen* zu sprechen[6]. Wer einmal zum Beispiel zusammen mit Buddhisten über Probleme der heutigen Weltsituation nachgedacht hat, der wird die Erfahrung der Gemeinschaft, die er dabei machen konnte, nicht mehr vergessen. Er erfährt eine Gemeinschaft des Glaubens, die die Grenzen des Christentums überschreitet; und doch hat diese Erfahrung mit »Synkretismus«, mit Religionsvermischung überhaupt nichts zu tun. Aus solchen Erfahrungen kann man Folgendes lernen: Das Besondere des christlichen Glaubens als das allgemein Wahre vertreten kann nur eine christliche Kirche, die sich dem Dialog mit anderen Religionen und Weltanschauungen aussetzt. Den verpflichtenden Charakter des christlichen Glaubens für das Handeln in der »einen Welt« können Christen nur dann glaubwürdig und verständlich vertreten, wenn sie sich der Begegnung und der Konkurrenz mit anders begründeten und orientierten Ethiken stellen. Daß in Jesus Christus die Wahrheit Gottes zu den Menschen kommt, entbindet nicht von diesem Dialog, sondern befreit zu ihm; sich ihm zu entziehen, wäre ein Mißtrauen gegenüber der Wahrheit des Evangeliums. Vor der produktiven Konkurrenz der ethischen Überzeugungen zurückzuschrecken und die Suche nach Möglichkeiten der Zusammenarbeit mit Menschen anderer Überzeugung zu verweigern, hieße, den Gehorsam gegenüber dem Gott zu verletzen, der will, »daß alle Menschen gerettet werden und zur Erkenntnis der Wahrheit kommen« (1 Tim 2,4).

Die verschiedenen Bedeutungsebenen des Wortes »Ökumene« haben sich in unserem Jahrhundert in einer gewissen zeitlichen Abfolge erschlossen. Ehe noch die ökumenische Bewegung die eine Ebene wirklich erreicht hatte, tat sich schon die nächste vor ihr auf. Die ökumenischen Aufgaben stellen sich heute deshalb auf allen Ebenen zugleich: die Christenheit muß ins Gespräch mit anderen Religionen eintreten, sie muß die großen Aufgaben der Weltverantwortung wahrnehmen, ohne daß die Probleme des interkonfessionellen Dialogs oder der nationalkirchlichen Bindung der verschiedenen Kirchentümer abschließend geklärt wären.

Die theologischen Aufgaben, die sich auf diesen verschiedenen Ebenen stellen, können nur von einer Theologie aufgenommen werden, die dem Dialog verpflichtet ist und zum Dialog befähigt. Das läßt sich an der zuletzt erörterten Ebene besonders leicht zeigen: »Ökumene der Religionen« läßt sich nur durch Dialog verwirklichen. Auch in den Arbeiten des ÖRK ist das Stichwort »Dialog« ausdrücklich in diesem Zusammenhang aufgetreten: in der Abteilung

»Dialogue with living faiths and ideologies«. Doch was hier richtig ist, gilt auf den anderen Ebenen ökumenischer Existenz genauso: die Ökumene der Konfessionen, der Nationen, der Kulturen und der Machtblöcke kann ohne Dialog nicht leben.

3. »Theologie der Befreiung« und »Schwarze Theologie«

Aufgabe ökumenischen Nachdenkens ist die Rezeption, die Aufnahme fremder Erfahrungen. Diese Aufgabe stellt sich heute vor allem in vier Hinsichten: Der ökumenische Dialog ist vonnöten angesichts der *konfessionellen* Grenzen, durch die die Kirchen sich voneinander trennen. Er ist vonnöten angesichts der *regionalen* Grenzen, durch die die eine Welt und in ihr auch die Christenheit in politisch und ökonomisch, sozial und kulturell gegensätzliche Bereiche gespalten wird. Er ist vonnöten angesichts der Gegensätze in der *ethischen* und genauer: in der *politischen* Orientierung, die die Christenheit durchziehen. Und er ist schließlich vonnöten angesichts der Grenze zwischen dem christlichen Glauben und der Welt der *Religionen.* Konfessionelle Gegensätze, regionale Gegensätze, Gegensätze der ethisch-politischen Orientierung und der Gegensatz zwischen Christentum und Religionen: in diesen vier Hinsichten ist ökumenisches Nachdenken heute vor allem notwendig.
Vor allem mit den regionalen und ethisch-politischen Gegensätzen bekommen wir es zu tun, wenn wir uns auf einen Dialog zwischen europäischer Theologie und Theologien Afrikas oder Lateinamerikas einlassen. Die südafrikanische »Schwarze Theologie« und die lateinamerikanische »Theologie der Befreiung« sind zur Zeit die wichtigsten theologischen Konzepte aus diesen beiden Kontinenten. Konfessionelle Unterschiede spielen für diese Konzepte nur eine geringe Rolle. Ob wir das Gespräch – im Fall der »Schwarzen Theologie« – mit dem Reformierten Allan Boesak oder mit

dem Lutheraner Manas Buthelezi, ob wir es – im Fall lateinamerikanischer Theologie – mit dem Methodisten Miguez Bonino oder mit dem Katholiken Gustavo Gutierrez führen – dies hat zwar interessante Variationen im Detail, aber nicht eine prinzipielle Veränderung der Gesprächssituation zur Folge. Die Bedeutung des konfessionellen Elements hat sich drastisch verschoben: so drastisch, daß Gesprächen *innerhalb* ein und derselben Konfessionsfamilie, die den Austausch über politische, rassische und kulturelle Grenzen hinweg bewirken sollen, das Prädikat des »Ökumenischen« zugesprochen wird. Nicht um die interkonfessionelle, sondern um die weltweite Ökumene geht es. Nicht die dogmatische, sondern die prophetisch-kritische Funktion des ökumenischen Dialogs steht auf dem Spiel.

Doch schon diese Akzentverschiebung hat auch auf den interkonfessionellen Dialog erhebliche Rückwirkungen. Denn sie zeigt: das Gewicht konfessioneller Gegensätze verringert sich dramatisch, wenn wir uns auf die Erfahrungen von Menschen im Kampf um Befreiung und Gerechtigkeit wirklich einlassen. Aus den Erfahrungen dieser Menschen ergibt sich die Aufforderung, so viel wie immer möglich über die Grenzen der Konfessionen hinweg *gemeinsam* zu tun: und zwar auf allen Ebenen kirchlichen Lebens. Die Arbeit ökumenischer Gemeinden und Initiativgruppen, in denen Katholiken und Protestanten alles, was gemeinsam getan werden kann, auch wirklich gemeinsam tun, gewinnt gerade auf diesem Hintergrund an Gewicht. Denn sie bereiten auf ihre Weise eine Entwicklung vor, durch die der Übergang von der dogmatischen zur prophetisch-kritischen Funktion des ökumenischen Dialogs möglich wird.

Was ist das Thema eines Dialogs zwischen europäischer Theologie und den theologischen Entwürfen aus Südafrika und Lateinamerika? Wir suchen eine Antwort auf diese Frage, indem wir den Selbstbezeichnungen derjenigen Theologien nachgehen, die den Dialog suchen oder uns zur Reaktion herausfordern. Diejenige Theologie in Lateinamerika, die einen solchen Dialog am nachdrücklichsten provozieren will, ist die »Theologie der Befreiung«. Die Erfahrung geschichtlicher Wirklichkeit in Lateinamerika nötigt sie dazu, sich in prononciertem Sinn als »politische Theologie« zu verstehen. Die aus dem Evangelium gewonnene Antwort auf die geschichtliche Stunde dieses Kontinents hat für sie den Charakter eines nachdrücklichen und leidenschaftlichen Hinweises auf den Widerspruch von Unterdrückung und Freiheit, von Abhängigkeit und Selbstbestimmung. Die von den Völkern Lateinamerikas erfahrene Abhängigkeit und Unterdrückung ist aber ihrerseits mitbedingt durch weltpolitische, nämlich vor allem ökonomische Machtkonstellationen. Dies ist die Ebene, auf der zum Dialog, und wenn es sein muß: zum Streit aufgefordert wird. Deshalb hat Pablo Richard, ein katholischer Theologe, der in Santiago lehrte, solange dies für ihn noch möglich war, erklärt, in dem europäisch-lateinamerikanischen Dialog gehe es in Wirklichkeit um einen Dialog zwischen einer »Theologie der Dritten Welt« und einer »Theologie der Großmächte«, zwischen einer »Theologie der armen, unterentwickelten Länder« und einer »Theologie der Industriestaaten«, zwischen einer »Theologie der Beherrschten an der Peripherie« und einer »Theologie der Herrschaftszentren«[7].

Diejenige südafrikanische Theologie, die uns – vor allen anderen durch Allan Boesak und Manas Buthelezi[8] – zum Dialog einlädt, bezeichnet sich selbst, einen in den USA geprägten Titel aufnehmend, als »Schwarze Theologie«. Die geschichtliche Erfahrung, auf die sie antworten muß, ist die Erfahrung des Rassismus. Rassismus aber ist nicht allein ein Instrument und eine Ideologie politischer und wirtschaftlicher Repression, sondern er ist zugleich eine Beschädigung, eine Verletzung kultureller Identität. Das Recht auf eine kulturelle Identität wird eingeklagt, die nicht nur durch den offenen Rassismus von Politik und Ökonomie, sondern auch durch den teils verborgenen, teils offenkundigen Rassismus von Mission und Theologie beschädigt wurde. Ein Christentum wird eingeklagt, das sich nicht zum Instrument kultureller Beschädigung machen läßt, sondern das auch bringt, was es verheißt: Ganzheit des Lebens. Stärker als in der lateinamerikanischen Theologie der Befreiung wird hier die Ökumene der Kulturen aufgerufen. Und die Pole, zwischen denen der Dialog sich vollziehen muß, erhalten folgerichtig hier die Namen: »Schwarze Theologie« und »Weiße Theologie«.

Diese Ausdrücke haben in ein wichtiges Dokument der ökumenischen Bewegung Eingang gefunden: in den Bericht der Weltmissionskonferenz in Bangkok von 1973. Dort heißt es in dem Bericht der Sektion »Kultur und Identität«:

»Schwarze Theologie ist für viele Christen ein Ärgernis. Sie entlarvt die traditionelle Theologie (z. B. in Amerika, in Großbritannien, in Deutschland) . . . als ›weiße‹ Theologie. Sie ist weiße Theologie, weil sich der Westen das Recht angemaßt hat, in allen menschlichen Lebensbereichen die Kriterien festzusetzen für das, was annehmbar oder nicht annehmbar ist. Schwarze Theologie ist deshalb ein Ärgernis, weil sie diesen anmaßenden Herrschaftsanspruch zurückweist.«[9]

Ich will an dieser Stelle auf ein Problem solcher Bezeichnungen aufmerksam machen. »Weiße Theologie« gilt als kritischer Begriff, der die regionale Begrenztheit dieses Typs von Theologie aufdecken soll. »Schwarze Theologie« dagegen soll zwar einerseits eine situationsbezogene Theologie sein, die auf die Lebensbedingungen von Menschen, die vom Rassismus direkt betroffen sind, ausdrücklich eingeht. Doch sie soll auf der anderen Seite gerade keine regional begrenzte Theologie sein. Vielmehr heißt es in dem Bericht von Bangkok:

Die Schwarze Theologie »ist eine Theologie der Befreiung und als solche eine Theologie der Unterdrückten; sie kann daher all denen dienen, deren Menschenwürde durch Unterdrückung verletzt wird, gleich welcher Hautfarbe sie sind«[10].

Für beide Theologien – die »Schwarze Theologie« ebenso wie für die »Weiße Theologie« – stellt sich damit die Frage, wie sich situationsbezogene Begrenztheit und universale Geltung zueinander verhalten, als ein offenes und spannungsvolles Problem dar. Die Spannung zwischen Partikularität und Universalität aber ist der Ort der Ökumene; weil die Theologie an dieser Spannung teilhat, bedarf sie des ökumenischen Dialogs.

Aus der Perspektive der Befreiungstheologien erscheint die Theologie Europas als Theologie der Herrschaftszentren, als Theologie der reichen Industriestaaten oder auch als Theologie der multinationalen Konzerne. Damit wird ein gegenwärtig übermächtiges Wirkungsfeld beschrieben, dem auch die Theologie sich nicht entziehen kann. Dieses Wirkungsfeld setzt sich um so ungehemmter durch, je weniger die Theologie sich über ihre eigenen »Produktionsbedingungen«[11] aufklärt, je weniger sie also über die Rahmenbedingungen nachdenkt, unter denen sie entwickelt und formuliert wird. Nur dann kann die Theologie eine kritische Distanz gegenüber solchen Rahmenbedingungen gewinnen, wenn sie sich über die konkrete Gestalt dieser Bedingungen Rechenschaft ablegt.

Diese Bedingungen lassen sich für die deutsche Theologie in folgender Richtung beschreiben: Den Kirchen ist in der Gesellschaft der Bundesrepublik ein anerkannter, staatlich garantierter und ökonomisch gesicherter Platz eingeräumt. Die Theologie wird als wissenschaftliche Disziplin anerkannt, die nicht nur im Raum der Kirche, sondern auch in der wissenschaftlichen und gesellschaftlichen Öffentlichkeit Anerkennung beansprucht. Damit verbindet sich die Tendenz zu einer Anpassung, die die kritisch-befreiende, die prophetische und messianische Tradition der biblischen Botschaft häufig in den Hintergrund drängt. Kirche und Theologie fällt es schwer, in eine produktive Differenz zu Staat und Gesellschaft zu treten. Deshalb schlägt die Macht von Kirche und Theologie leicht in Ohnmacht um. Gerade an ökumenischen Auseinandersetzungen, mit besonderer

Deutlichkeit an dem Streit über das »Programm zur Bekämpfung des Rassismus«, kann man sehen, wie nahe Macht und Ohnmacht der deutschen Kirchen beieinanderliegen und wie deutlich sich dies auch in theologischen Stellungnahmen spiegelt. Denn auch in ökumenischer Hinsicht sind die deutschen Kirchen mächtig und ohnmächtig zugleich. Von ihnen stammt der relativ größte Teil ökumenischer Finanzmittel; insofern sind sie mächtig. Doch sie sind in politische und gesellschaftliche Interessen verflochten; deshalb gehen von ihnen nur selten in die Zukunft weisende ökumenische Initiativen aus. In den Auseinandersetzungen über den Weg des Ökumenischen Rats der Kirchen während der letzten Jahre zeigte sich keineswegs nur die Macht, sondern mindestens ebenso deutlich die Ohnmacht der deutschen Kirchen. Von dieser Situation ist auch die Theologie unmittelbar betroffen.

Die Theologie jedoch versteht sich nicht einfach als eine Funktion der Kirche; sie versteht sich als Wissenschaft, die ihren angestammten Platz im »Haus der Wissenschaften« noch immer behauptet. Dadurch ist das Selbstverständnis europäischer, insbesondere deutscher Theologie auf eine bestimmte Ausprägung kultureller Identität bezogen: nämlich auf diejenige Form europäischer Kultur, die sich vor allem wissenschaftlich auslegt und durch die Ausbildung der neuzeitlichen Wissenschaft weltbeherrschend geworden ist.

In der Neuzeit wurde wissenschaftlicher Fortschritt zum Inbegriff der kulturellen Identität Europas. Zugleich aber wurde er zum Instrument der ökonomischen, politischen und kulturellen Weltherrschaft der nordamerikanischen und europäischen Staaten. Europäische Theologie stellt sich im Blick auf diese kulturelle Identität als »Wissenschaft« dar. Damit begibt sie sich in das Medium, das zum Instrument nordamerikanischer und europäischer Weltherrschaft wurde. Deshalb attackieren Theologen der Dritten Welt das wissenschaftliche, das akademische Selbstverständnis europäischer Theologie mit solcher Vehemenz. Die Antwort auf diese Attacken wird nicht darin bestehen können, daß die europäische Theologie auf den Anspruch, Wissenschaft zu sein, verzichtet. Wohl aber zeigen diese Attacken, wie dringlich es ist, daß die europäische Theologie sich über ihre eigenen Produktionsbedingungen aufklärt und ihre eigene Situationsbezogenheit erkennt. Auch wissenschaftliche Theologie im europäischen Sinn, die bisher häufig mit dem Anspruch auf universale Geltung aufgetreten ist, ist partikulare, perspektivische Theologie; zur ökumenischen Theologie *wird* sie erst durch den Dialog.

Was sind die Rahmenbedingungen, innerhalb deren die »Schwarze Theologie« und die »Theologie der Befreiung« entwickelt werden? Sie werden in Gesellschaften formuliert, in denen Symbole des christlichen Glaubens als Elemente einer politischen Religion Verwendung finden: die südafrikanische Rassentrennungspolitik wird ebenso mit christlichen Legitimationen versehen wie die Politik von Militärdiktaturen in Lateinamerika. Kirche und Theologie sind hier, wenn sie sich nicht an einer solchen Legitimation beteiligen wollen, zu prophetisch-kritischem Widerstand herausgefordert. Theologie wird so zur Ideologiekritik der politischen Religion. Sie wird zur Neuinterpretation der christlichen Symbole im Interesse einer befreienden Praxis. Sie sieht sich zu einer kritischen Distanz gegenüber den Mechanismen politischer und ökonomischer Macht gezwungen.

Mit der Situation in Westeuropa ist die Situation in Südafrika oder in Lateinamerika vor allem dadurch verbunden, daß es sich in all diesen Fällen um vermeintlich »christliche« Kulturen handelt, in denen Inhalte des christlichen Glaubens zur Legitimation der jeweils besonderen Gestalt politischer und gesellschaftlicher Herrschaft Verwendung finden. Dabei berufen sich diejenigen Theologen in Lateinamerika und Südafrika, die das jeweilige Herrschaftssystem stützen, ausdrücklich auf ihre Verbindungen und ihre Übereinstimmung mit europäischer Theologie. Wie sollte man sich dann wundern, daß auch die »Schwarze Theologie« und die »Theologie der Befreiung« sich im ausdrücklichen Gegenüber zur europäischen Theologie darstellen, daß auch sie in manchen Stücken das Erbe europäischer Theologie für sich reklamieren und sich doch zugleich energisch von ihr absetzen? Das Ineinander von Anpassung und Widerstand zeigt sich in der Schwarzen Theologie besonders eindringlich; denn sie tritt uns Europäern vor allem in der Gestalt einer Heidelberger akademischen Vorlesung (M. Buthelezi) und einer Kampener Doktorarbeit (A. Boesak) entgegen. Sie paßt sich den europäischen akademischen Formen an, um gerade so ihren Protest zu Gehör zu bringen.

Der Widerspruch, daß Theologen der Dritten Welt die Entwürfe europäischer Theologen als irrelevant für ihre eigene Situation verwerfen und doch zugleich einzelne Gedanken dieser Autoren verwenden – ein häufig, gerade auch von Betroffenen registrierter Tatbestand – klärt sich durch eine solche Überlegung leicht auf: Nicht den einzelnen Spitzensätzen europäischer Theologie gilt die Kritik; sondern sie gilt dem Tatbestand, daß eine besondere Form christlicher Theologie für sich universale Gültigkeit in Anspruch nimmt und dies nur deshalb kann, weil sie die Selbstaufklärung über ihre eigenen Produktionsbedingungen verweigert. Die verschiedenen Bezeichnungen, die der europäischen Theologie von Theologen aus Afrika oder Lateinamerika gegeben werden, sind deshalb Hinweise darauf, wo die spezifischen Produktionsbedingungen europäischer Theologie vermutet werden: in der ökonomisch-politischen Situation der Machtzentren der gegenwärtigen Welt, in den Lebensbedingungen der Konsumgesellschaft, im Glauben an die Überlegenheit weißer Kultur. Das Angebot von Schwarzer Theologie und Befreiungstheologie an die europäische Theologie lautet: Es können sich ihr neue Sprachmöglichkeiten für die theologische Auslegung des christlichen Glaubens eröffnen, wenn sie sich über ihre besonderen Produktionsbedingungen aufklärt und diese wo nötig zu verändern sucht.

4. *»Religion des Volkes«*

Wir überprüfen die Einsichten, die wir bisher gewonnen haben, in einem nächsten Schritt an einem Thema der ökumenischen Diskussion, das in letzter Zeit in den Vordergrund getreten ist: an der Frage nach der »Religion des Volkes«[12]. Sie ist als Thema theologischen Nachdenkens vor allem im katholischen Bereich, besonders nachdrücklich in der lateinamerikanischen »Theologie der Befreiung« entdeckt worden. Sie ist von manchen beschrieben worden als der Wurzelboden derjenigen Kraft, aus der Menschen Unterdrückung ertragen und Leiden im Kampf um Befreiung auf sich nehmen können.

Aufgabe einer ökumenischen Reflexion ist die Rezeption fremder Erfahrung. Diese Aufgabe stellt sich auch beim Thema der »Religion des Volkes« in den vier Hinsichten, von denen wir bereits gesprochen haben; betroffen sind zugleich die konfessionellen Gegensätze, die regionalen Gegensätze, die Gegensätze der ethisch-politischen Orientierung und schließlich der Gegensatz zwischen christlichem Glauben und Religion.

In allen vier Hinsichten ist die »Religion des Volkes« ein zentrales Thema. Zur Sprache gekommen ist es bisher vor allem im Blick auf die katholische Volksreligiosität; zu fragen ist, ob Beobachtungen aus diesem Bereich auch für andere *konfessionelle* Traditionen, etwa den Protestantismus, fruchtbar gemacht werden können. Am nachdrücklichsten erläutert wurde es bisher für den Bereich Lateinamerikas; darin liegt der Hinweis auf die Notwendigkeit *regional* und kulturell unterschiedlicher Gestalten des Christentums, zugleich aber auch die Frage nach einer Einheit des christlichen Glaubens, welche durch solche kulturelle Vielfalt nicht neutralisiert wird. Behandelt wurde die Religion des Volkes in letzter Zeit vor allem im Rahmen von Überlegungen zur »politischen Theologie« oder zur »Theologie der Befreiung«; sie wurde also verknüpft mit einer bestimmten *ethischen* Auslegung des Christentums, für die der Begriff der

Befreiung ins Zentrum rückt. Schließlich aber wird durch dieses Thema die Frage nach dem Verhältnis von Christentum und *Religion* neu gestellt; doch während diese sonst häufig in der Form behandelt wird, daß nach dem Verhältnis des christlichen Glaubens zu den nichtchristlichen Religionen gefragt wird, steht nun zugleich die Frage nach dem Verhältnis von Glaube und Religion *im* Christentum zur Debatte.
Die Rezeption fremder Erfahrung ist nur möglich, wenn man sich der eigenen Verstehensbedingungen vergewissert. Die Formel von der »Religion des Volkes« wirft in dieser Hinsicht gerade für den deutschen Sprachbereich besondere Probleme auf. Mit einigen kurzen und zusammenfassenden Hinweisen will ich auf diese Probleme aufmerksam machen.
Das deutsche Wort »Volk« bezeichnet ursprünglich die Kriegerschar, den Heerhaufen, später die Menge schlechthin. Das ausgehende 18. Jahrhundert, vor allem Herder, bezeichnet mit diesem Wort die niedrigen Schichten und verwendet es, um die kulturelle Bedeutung gerade dieses Teils der Gesellschaft zu unterstreichen. Dieses Interesse zeigt sich besonders klar im Begriff der »Volkstümlichkeit«. Es wird jedoch schon in der Zeit der Befreiungskriege überlagert vom Interesse am »Volkstum«, an nationaler Eigentümlichkeit. Der Begriff des Volkes tritt in Deutschland an die Stelle der fehlenden staatlichen Einheit. Die Überzeugung vom unvergleichlichen Charakter des eigenen, des deutschen Volkstums prägt sich aus. Mit dem Begriff des Volkes verbindet sich in vielen Fällen ein anti-römischer Affekt: ein Affekt, der den römischen Katholizismus ebenso trifft wie diejenigen Ausprägungen des modernen Staatsgedankens und der modernen Kultur, die man dem romanischen Sprachraum anlastet. Während des 19. Jahrhunderts gilt gerade der Begriff des Volkes als Bezugspunkt deutschen Selbstbewußtseins. »Ein jedes Volk hat«, so erklärt Heinrich von Treitschke, »das Recht zu glauben, daß gewisse Kräfte der göttlichen Vernunft gerade in ihm am schönsten sich

darstellen; ohne Überschätzung kommt ein Volk gar nicht zum Bewußtsein seiner selbst«.
Dieser Volksbegriff bildete den Ansatzpunkt der »völkischen Bewegung«, die im ausgehenden 19. Jahrhundert entstand und nach dem verlorenen Ersten Weltkrieg aufblühte. Sie war von einer dualistischen Weltsicht bestimmt. Gut und Böse, Licht und Finsternis, Idealismus und Materialismus stehen einander gegenüber; das deutsche Volk aber hat den Auftrag, diesen Kampf im Sinn des guten Prinzips zur Entscheidung zu bringen. Dafür verbinden sich Christentum und Deutschtum miteinander zu einer *völkischen Religion.* Die entscheidende Verschärfung erfährt diese Auffassung durch die Aufnahme der Rassenlehre, nach der die Einheit des Volkes in einer gemeinsamen rassischen Abstammung begründet sein soll. Dementsprechend wird die völkische Religion nun als *arteigene Religion* verstanden; der Antisemitismus wird zu einem ihrer grundlegenden Merkmale.
Die völkische Bewegung, mit ihr auch die völkische Religion bildet einen wichtigen Hintergrund für das Aufkommen des Nationalsozialismus wie für seine Erfolge[13]. Das »Volkstum«, der totale Herrschaftsanspruch einer Partei und das Christentum werden nun in der »völkischen Religion« ununterscheidbar ineinandergemengt. Diese geschichtliche Erfahrung hat bestimmte Richtungen der deutschen Theologie alsbald dazu veranlaßt, zwischen dem christlichen Glauben und dem »Volk« sorgfältig zu unterscheiden. Programmatisch hat dies etwa Dietrich Bonhoeffer schon in seinen Vorlesungen im Predigerseminar von Finkenwalde in den Jahren 1935/36 getan.
An der für unseren Zusammenhang entscheidenden Stelle dieser Vorlesungen geht Bonhoeffer davon aus, daß die Kirche nur *eine* Predigt in all ihren Predigten ausrichtet; diese *eine* Predigt ist weder das Produkt von Zeitumständen noch das Ergebnis lehrmäßiger Deduktionen. Die Wahrheit, von der die Kirche Zeugnis ablegt, ist vielmehr eine geschehende Wahrheit. Dann heißt es:

»Sie erschafft sich ihre Existenzform. Es ist möglich, daß die Kirche die reine Lehre predigt und daß sie dennoch unwahr ist. Der Wahrheitscharakter hängt von der Existenzform dieser Kirche ab. Ihre Existenzform aber heißt Nachfolge und nicht Volksnähe oder Volksverbundenheit. Nicht die volksnahe, sondern die nachfolgende Kirche wird gehört ... Die Basis der predigenden Kirche ist nicht Blut und Boden und ihre Form die Volksverbundenheit, sondern ihre Basis ist das Wort und ihre Form die Nachfolge. Volks- und Gegenwarts-Nähe zu suchen ist gerade gegenwartsfern und volksfern.«[14]

Dieser in bekenntnishafter Eindringlichkeit formulierte Text warnt vor der Auslieferung des Evangeliums ans Art- oder Volksgemäße. Gerade die Erfahrung der »völkischen Religion« und einer ihr nachempfundenen »Volksmission« nötigt Bonhoeffer zur Konzentration auf eine Theologie des Wortes Gottes. Doch da sie eine Theologie des Wortes Gottes in Jesus Christus ist, gewinnt sie die Gestalt einer Theologie der Nachfolge. Gegenüber allen Tendenzen zur »Entweltlichung« und »Spiritualisierung« beharrt Bonhoeffer auf der Frage nach der Existenzform, die der Konzentration der Kirche auf die Predigt des Evangeliums entspricht. Diese Existenzform heißt Nachfolge. In den Gefängnisbriefen verdeutlicht Bonhoeffer, was mit dieser Existenzform gemeint ist: die Teilnahme am Leiden Gottes in der Welt. Um dieser Teilnahme willen muß die Kirche zur »Kirche für andere« werden[15].

Die radikale Absage an alle gewollte Volksnähe und Volksverbundenheit mündet also bei Bonhoeffer in eine Konsequenz, die sich in auffallender Parallelität bei heutigen Auslegern der Religion des Volkes findet. »Religion des Volkes« ist für sie der religiöse Ausdruck für das Leiden der Unterdrückten, die in religiösen Riten sich darstellende Sehnsucht der gewaltsam Entfremdeten nach Heimat, der Schrei der Gefangenen nach Befreiung. Auch aus einem solchen Achten auf die »Religion des Volkes« ergibt sich die Forderung

nach einer glaubwürdigen Existenzform der Kirche, nach einer »Kirche für andere«.
Solche Reflexionen entstehen heute in Situationen, die mit besonderer Massivität und Offensichtlichkeit durch Unterdrückung und Ausbeutung, durch Hunger und Armut, durch Folter und Unfreiheit gekennzeichnet sind. Sie entstehen in solchen Situationen oft unabhängig voneinander. So entwirft der südkoreanische Neutestamentler Ahn Myung-Bu, lange Zeit wegen seines Einsatzes für die Menschenrechte selbst im Gefängnis, eine »Theologie des Volkes«: eine Theologie, die das Leiden des Volkes im Spiegel des Neuen Testaments und zugleich die befreiende Botschaft des Neuen Testaments im Spiegel heutigen Leidens auslegt. Von dem Nachdenken über die »Religion des Volkes« im lateinamerikanischen Katholizismus ist er dabei wohl nicht angeregt; doch ähnliche Situationen provozieren eine vergleichbare theologische Reflexion.
Die Parallelität zwischen Bonhoeffers Überlegungen und dem heutigen Nachdenken über die »Religion des Volkes« ist auffallend. Doch die Spannung in dieser Parallelität darf nicht übersehen werden. Bonhoeffer entwirft seine Theologie im Gegenzug gegen völkische Religion und Volksmission. Er entwirft eine Theologie des Wortes Gottes, die den Gegensatz zwischen christlichem Glauben und Religion scharf hervorkehrt. Er entwirft im Gefängnis im übrigen eine Theologie für ein fortschreitend religionsloser werdendes Zeitalter. Auf diesem Hintergrund bestimmt er die Existenzform der Kirche als Nachfolge und damit zugleich als Solidarität mit den Leidenden. Eben die Teilnahme an dem Leiden des Volkes ist nach den neueren Entwürfen zur »Religion des Volkes« der Existenzvollzug von Kirche. Die Spannung zwischen beiden Denkbewegungen erklärt sich aus einem unterschiedlichen Verständnis von Religion und aus der unterschiedlichen Bedeutung, die jeweils dem Begriff des Volkes geschichtlich zugewachsen ist.
Dem deutschen Protestantismus könnte es sich angesichts dieser Diskussion nahelegen, den Begriff des Volkes anders

zu verstehen, als es der eigenen Tradition entspricht. In dem theologischen Verständnis, das sich mit dem Begriff »Religion des Volkes« verbindet, ist Volk weder die statistische Gesamtheit der Bevölkerung eines Staates noch die unterste Schicht einer vorgegebenen gesellschaftlichen Schichtung noch schließlich der Inbegriff für die Arteigentümlichkeiten oder für die kulturelle Sonderstellung einer Nation. Sondern der Begriff des Volkes verweist zurück auf den biblischen Begriff des Volkes Gottes. Seine Dynamik empfängt der Begriff des Volkes Gottes durch Jesu Parteinahme für die Schwachen und Leidenden, für die Geringsten. Und er empfängt seine Dynamik gleichzeitig durch jene »Niederlegung des Zauns«, durch die alle Grenzen der Nation und des Kults, der Rasse und des Geschlechts relativiert werden (vgl. Gal 5,18; Eph 2,14).

Nicht darum kann es gehen, daß unter dem Titel der »Religion des Volkes« doch wieder die Eigentümlichkeiten einer Nation, einer Schicht oder einer Rasse zu einer die Verkündigung des Evangeliums und die Praxis der Kirche maßgeblich bestimmenden Größe werden. Im theologischen Verständnis verweist der Begriff des Volkes in einen sehr anderen Horizont: daß nämlich die Kirche, der Parteinahme Jesu nachfolgend, als Gemeinschaft der Schwachen und Gemeinschaft mit den Schwachen, als Gemeinschaft der Leidenden und Gemeinschaft mit den Leidenden zu verstehen ist. Dies gilt über alle Grenzen der Nation, der Schicht, der Rasse, des Geschlechts, der Konfession hinweg. Zugleich aber gilt es am jeweils bestimmten, nämlich historisch und kulturell, politisch und ökonomisch bestimmten Ort. Daraus ergibt sich die Aufgabe der Kirche, in ihrer Praxis auf die Lebensbedingungen und die spezifischen Erfahrungen ihrer Glieder einzugehen und sich auf den politischen, ökonomischen und auch religiösen Zusammenhang, in dem sie leben, einzulassen.

Ökumenische Reflexion ist der Versuch, fremde Erfahrung zu rezipieren. Zu ihren notwendigen Elementen gehört es, daß zu den Themen, unter denen jene fremde Erfahrung gedeutet wird, analoge Themen im eigenen Erfahrungsbereich aufgespürt werden. Dies führt uns zu einem weiteren Schritt unserer Überlegungen.

Im deutschen Protestantismus ist derzeit weniger von der *Volksreligion*, dafür aber um so häufiger von der *Volkskirche* die Rede. Der Begriff hat seit seinem Aufkommen zu Beginn des 19. Jahrhunderts vielfältige Bedeutungen angenommen[16]. Einerseits gilt er als Beschreibung des Zustands, daß die Bevölkerung zu ihrem allergrößten Teil einer der beiden großen Konfessionskirchen angehört. Andererseits gilt er als Programmbegriff für die Kirche als Institution. In der neueren Diskussion sind vor allem folgende Elemente des Begriffs in den Vordergrund getreten[17]: Aufgabe der Kirche als Institution ist es, Kirche für alle Menschen und in diesem Sinn Kirche für andere zu sein; denn das Evangelium gilt allen. Gerade die Botschaft von der Rechtfertigung der Menschen vor Gott veranlaßt dazu, eine offene Kirche zu konzipieren, die unterschiedliche Weisen der Mitgliedschaft ermöglicht. Als kennzeichnend für die Volkskirche müssen gerade die verschiedenen Formen distanzierter Mitgliedschaft gelten, die sich in der Neuzeit ausgebildet haben. Damit verändert sich die Gestalt der Frömmigkeit.

Für die Reformationszeit etwa war Frömmigkeit die tägliche Einübung, ja das tägliche Ringen um die Vergebung der Sünden und um die Erneuerung des Lebens. Die festen Formen der Frömmigkeit in Haus und Kirche – Andacht und Gottesdienst, Katechismusunterricht und Kirchenzucht – hatten gerade darin ihren Sinn, daß die alltäglichen Lebensvollzüge dem Gericht und der Gnade Gottes unterstellt wurden.

In der neuzeitlichen Form distanzierter Mitgliedschaft dagegen verändert sich die Gestalt der Frömmigkeit grundlegend. Sie erscheint als »eine am Lebenszyklus orientierte Kausalfrömmigkeit«[18], also als eine Frömmigkeit, die sich auf die die Zäsuren des Lebens begleitenden kirchlichen Amtshandlungen konzentriert. Nicht im Vollzug alltäglichen Lebens, sondern allein an den Höhe- und Wendepunkten des Lebenszyklus, vielleicht noch an den Höhepunkten des Jahreszyklus wird Frömmigkeit praktiziert, bedient man sich ihrer gestalteten Form. Dieser Beobachtung entspricht der Vorschlag, die Praxis der Kirche an dieser Gestalt von Frömmigkeit zu orientieren und sie als eine »integrale Amtshandlungspraxis« zu entwickeln, die sich an den Kasualien des Lebenszyklus (Taufe, Konfirmation, Trauung, Bestattung) und an den Kasualien des Jahreszyklus (Ostern, Erntedankfest, Weihnachten) orientiert.

In dieser Vorstellung von der Volkskirche, deren Darstellung durch eine Reihe weiterer Elemente erweitert werden könnte, begegnet eine Konzeption, die den »Alltagsglauben der Durchschnittschristen« (K. Rahner) durchaus ernst zu nehmen sucht. Allerdings hat dieser »Alltagsglaube« nach der vorausgesetzten Diagnose nicht mehr eine alltägliche, sondern eine an den Kasualien orientierte Gestalt. Zu fragen bleibt, ob die Diagnose zutrifft und ob christliche Theologie sich mit ihr zufrieden geben kann.

Die neuerdings zu beobachtende Konzentration der Überlegungen und Vorschläge zur kirchlichen Praxis auf den Bereich der »Kasualfrömmigkeit« führt in unserem Zusammenhang zu einem interessanten Ergebnis: Der Begriff der Volkskirche steht in einer auffälligen Parallele zu dem Begriff des Volkskatholizismus, der in Frankreich zuerst von Gabriel Le Bras und Robert Pannet entwickelt worden ist. Unter Volkskatholizismus versteht Pannet das Verhalten der »Festtagskatholiken« (catholiques festifs), deren religiöse Handlungen auf die »heiligen Zeiten« des Lebens- und Jahreszyklus reduziert sind.

Günter Paulo Süss hat auf dem Hintergrund der brasilianischen Situation an dieser Konzeption kritisiert, daß sie *einen* Typus des Volkskatholizismus absolut setze[19]. Er vertritt die These, daß zwischen vier verschiedenen Typen des Volkskatholizismus zu unterscheiden sei, die heute gleichzeitig angetroffen werden können. Er bezeichnet sie als rituellen, festlichen, geschichtlichen und synkretistischen Volkskatholizismus. Der *rituelle* Volkskatholizismus zeigt sich vor allem darin, daß akute Notsituationen durch den Vollzug von Riten magisch überwunden werden sollen. Der *festliche* Volkskatholizismus ist an den Vollzug religiöser Feiern im Lebens- und Jahreszyklus gebunden. Der *geschichtliche* Volkskatholizismus begegnet in Gruppen, in denen religiöses Verhalten und alltägliches Handeln einander wechselseitig und kontinuierlich beeinflussen; er findet sich vor allem in den während der letzten Jahre entstandenen Basisgemeinden, die intensive Formen religiösen Lebens und politisch-soziale Aktionen miteinander verbinden. Der *synkretistische* Volkskatholizismus knüpft an verschiedene religiöse Traditionen an und zielt auf eine Verarbeitung des »Dämonischen«; gerade in der Gestaltlosigkeit des Lebens in den Großstädten wird ein Verlangen nach solchen synkretistischen Formen magischer Religiosität wach. Er entspricht also besonders gut bestimmten gesellschaftlichen Entwicklungstendenzen: der Auflösung dörflicher Lebensgemeinschaften und der Flucht in die Städte. Deshalb gewinnt er ständig an Bedeutung.

Der rituelle und synkretistische Volkskatholizismus aber entfremdet die Menschen der geschichtlichen Zeit, in der sie sich befinden; der festliche Volkskatholizismus ist ohne Bezug zu dem sozialen Ort, an dem die Menschen leben. Nur der geschichtliche Volkskatholizismus ist zeitbezogen und ortsbezogen zugleich. In ihm geht es um die religiöse Verarbeitung alltäglicher Erfahrung und umgekehrt um die Verbindlichkeit der religiösen Praxis für das alltägliche Handeln.

Die »Religion des Volkes«, die durch das Handeln der Kirche gestärkt werden sollte, kann nicht eine nur rituelle oder festliche, sie muß vielmehr eine geschichtliche Religion des Volkes sein. Denn der christliche Glaube zielt auf den »Gottesdienst im Alltag der Welt« (vgl. Röm 12,1 f); wenn man nicht nach den Konsequenzen der Zuwendung Gottes zum Menschen für die Erneuerung des Lebens fragt, so wird diese Zuwendung zur »billigen Gnade«.

Die gegenwärtige Diskussion über die Volkskirche im deutschen Protestantismus orientiert sich, so sahen wir, vorrangig an der festlichen Volksreligion, an der »Kasualfrömmigkeit«. Die Rezeption ökumenischer Erfahrungen könnte dazu verhelfen, daß dieser Aspekt nicht isoliert wird und daß die Gefahren nicht übersehen werden, die mit einer derartigen Orientierung kirchlichen Handelns verbunden sind. Die Verkündigung und die gemeinschaftliche Praxis der Kirche haben ihren Sinn nicht in der Stabilisierung einer festlichen Volksreligion; ihr Ziel ist vielmehr, die festliche Volksreligion ebenso wie die rituelle oder die synkretistische in eine geschichtliche Religion des Volkes zu verwandeln. Denn andernfalls würde die Rücksichtnahme auf den »Alltagsglauben der Durchschnittschristen« lediglich dazu führen, daß die Verkündigung des Evangeliums an das jeweils Gesellschaftsgemäße gebunden würde. Gerade die scheinbare Ortlosigkeit festlicher Volksreligion verleitet besonders leicht dazu, den christlichen Glauben umstandslos in die jeweils geltenden gesellschaftlichen Regeln einzufügen: das Ausmaß, in dem in westlichen Industriegesellschaften die Feste des Lebens- und Jahreszyklus zum Barometer für die jeweiligen Gewohnheiten der Konsumgesellschaft geworden sind, zeigt dies deutlich genug. Die Praxis der Kirche knüpft unvermeidlicherweise auch an die Gebräuche der festlichen Volksreligion und deren stabilisierende Funktion an. Nicht allein in der Stabilisierung, sondern vor allem in der Erneuerung liegt aber die Bedeutung des christlichen Glaubens für den alltäglichen Lebensvollzug. Dem Übergang von der Stabilisierung zur Erneuerung entspricht der Übergang von festlicher zu geschichtlicher Volksreligion.

5. Die dialogische Struktur ökumenischer Theologie

Die Überlegungen zur »Religion des Volkes« dienten als Beispiel dafür, welche Anstöße zur Überprüfung der eigenen kirchlichen Wirklichkeit man erhalten kann, wenn man sich auf ökumenische Fragestellungen und Erfahrungen einläßt. Noch immer freilich wird der ökumenische Lernprozeß, der gerade für die europäischen Kirchen immer nötiger wird, dadurch verstellt, daß europäische Theologie im ökumenischen Dialog in der Haltung des Lehrmeisters auftritt, anstatt die Chancen des Lernens wahrzunehmen. Die Ein-Weg-Kommunikation, die sich aus dem Überlegenheitsgefühl der wissenschaftlichen Theologie Europas ergibt, rächt sich bitter in den Charakterisierungen, mit denen die europäische Theologie durch Theologen aus der Dritten Welt bedacht wird. Auch wenn man solche Kennzeichnungen – »Theologie der reichen Industriestaaten« oder »Theologie der Herrschaftszentren« – als ungerecht empfindet, sollte man nach den Gründen fragen, durch die sie hervorgerufen werden.

Einer dieser Gründe ist die eingespielte theologische Ein-Weg-Kommunikation zwischen der europäischen Theologie und der Theologie der »jungen Kirchen«. Sie ist eine Folge der Vorstellung, daß die europäische Gestalt christlicher Theologie universale Geltung beanspruchen kann. Diese Vorstellung hat einen zweifachen Grund: Aus dem Sprung des christlichen Glaubens nach Europa, der in der paulinischen Heidenmission vollzogen wurde, ergab sich das Doppelbündnis des christlichen Glaubens mit der griechischen Metaphysik und mit der imperialen Ordnung des römischen Reiches. Der Anspruch des Evangeliums auf universale Geltung wurde mit den Mitteln griechischer Philosophie und römischer Rechtsordnung ausgelegt. Die Umkehrung erschien nahezu als unvermeidlich: die Umkehrung nämlich, daß der Anspruch des Evangeliums auf universale Geltung an diese Denkmittel und Rechtsformen gebunden sei. In unserem Jahrhundert müssen wir lernen, von dieser Umkehrung Abschied zu nehmen. Der Eintritt in das ökumenische Zeitalter des Christentums fällt mit dem Abschied von der Metaphysik in diesem präzisen, damit aber auch eingeschränkten Sinn zusammen.

Der Anspruch der europäischen Theologie auf universale

Gültigkeit, von dem wir heute Abschied nehmen müssen, ergibt sich also zum einen daraus, daß die Universalität des Evangeliums an eine bestimmte, für die Ausbreitung der christlichen Botschaft und die Entwicklung der Kirche geschichtlich maßgebende Überlieferungsgestalt gebunden wurde. Verleugnen könnte europäische Theologie diese Überlieferungsgestalt nur um den Preis ihrer eigenen Geschichtslosigkeit; sie wird deshalb immer wieder diese Überlieferung in den ökumenischen Dialog einbringen.

Der Anspruch europäischer Theologie auf universale Geltung aber ergibt sich zum andern aus ihrer spezifisch neuzeitlichen Stellung als Wissenschaft. Die neuzeitliche europäische Wissenschaft ist der Motor jenes Rationalisierungsprozesses, der durch die Mittel von Technik und Industrie heute die ganze Erde ergriffen hat. Der weltweite Geltungsanspruch des okzidentalen Rationalisierungsprozesses erscheint kraft dieser geschichtlichen Entwicklung heute als unausweichlich[20]; niemand kann sich einbilden, er könne diese Geschichte einfach hinter sich lassen. An diesem weltweiten Geltungsanspruch der okzidentalen Form von Rationalität hat aber auch die Wissenschaft in ihrer neuzeitlichen, europäischen Gestalt Anteil. Theologie macht sich – häufig in unbewußter Form – diesen Geltungsanspruch zu eigen und praktiziert ihn auf einem besonderen Feld: dem Feld kirchlicher, ökumenischer Beziehungen.

Zweifel an einem so begründeten Anspruch auf universale Geltung ergeben sich exakt in einer Zeit, in welcher der okzidentale Rationalisierungsprozeß mitsamt dem Konzept des Fortschritts, an das er gekoppelt ist, in eine tiefe Krise gerät. Die siebziger Jahre haben ihre besondere Signatur durch diese Krise erhalten; man muß annehmen, daß sie sich in den achtziger Jahren weiter verschärft. Die Einsicht in die Grenzen der technischen und ökonomischen Expansion hat den Fortschrittsglauben ins Wanken gebracht, von dem die europäische und nordamerikanische Geschichte lange beherrscht war. Diese Krise des Fortschrittsbegriffs bildet sich auch in der Krise ab, in welche die europäische Theologie als

Lehrmeisterin der Ökumene geraten ist. Erneut gilt: Europäische Theologie sollte den mit dem Namen der Wissenschaft verbundenen Anspruch, die Rede von Gott denkend zu verantworten, nicht leichtfertig preisgeben. Doch sie sollte angesichts ihrer eigenen Ratlosigkeit gegenüber den Auswirkungen der wissenschaftlich-technischen Entwicklung auch bereit sein, die Rolle der Lernenden zu übernehmen – was heißen würde: die eigene Hilfsbedürftigkeit einzugestehen. Theologische Studienvorgänge im ökumenischen Rahmen verlaufen häufig deshalb so ergebnislos, weil das Eingeständnis eigener Ratlosigkeit und eigener Hilfsbedürftigkeit für Vertreter der europäischen Theologie so schwer fällt. Deshalb kommen, gerade wenn es explizit um Fragen der Theologie geht, ökumenische Lernprozesse so schwer und zögernd in Gang.

Dabei böte gerade der Dialog mit den Befreiungstheologien aus Afrika und Lateinamerika hierzu eine besondere Chance – und zwar nicht so sehr wegen der einzelnen, auch kritikbedürftigen Aussagen, zu denen sie gelangen, sondern vielmehr deshalb, weil sich in ihnen die Nötigung zeigt, Grundinhalte und Grundsymbole des christlichen Glaubens neu zu interpretieren. Das sei noch einmal an einem Beispiel erläutert.

Die »Schwarze Theologie« unternimmt den Versuch, den universalen, inklusiven Charakter des Evangeliums Jesu Christi neu ernst zu nehmen. Das Evangelium gilt allen Menschen mit ihrer jeweils spezifischen Geschichte, in ihrer jeweils besonderen Lebenswirklichkeit. Das Evangelium zerstört die Traditionen nicht, aus denen die Menschen kommen, sondern gibt ihnen eine neue Bedeutung. Deshalb werden Konzeptionen wie die afrikanische Vorstellung von der *Ganzheit des Lebens* durch christliche Verkündigung nicht aufgehoben, sondern in Kraft gesetzt. Das aber nötigt dazu, das Bekenntnis zu Gott als dem Schöpfer – ein in der neuzeitlichen europäischen Theologie eher in den Hintergrund gedrängtes Thema – neu auszulegen. Ganzheit des Lebens läßt sich mit Allan Boesak in europäische Begriffe so übersetzen: Solidarität, Ehrfurcht vor dem Leben, Humanität und Kommunalität[21]. Die Afrikaner verstehen dies als dem Menschen mit seiner Erschaffung mitgegebene Möglichkeiten des Lebens. Das Evangelium befreit nach ihrem Verständnis dazu, die Wahrheit dieser durch die Schöpfung gesetzten Möglichkeiten zu erkennen. Diese Wahrheit wird in den traditionellen Religionen Afrikas überliefert; sie wird durch die Verkündigung des Evangeliums nicht beseitigt, sondern in einen neuen Horizont gerückt.

Durch eine solche Überlegung wird die Entgegensetzung von Glauben und Religion in Frage gestellt, an die wir uns – unter Berufung auf die Religionsauffassung Karl Barths und Dietrich Bonhoeffers, mit der freilich anderes gemeint war[22] – in den letzten Jahrzehnten etwas zu leicht gewöhnt haben. Barths und Bonhoeffers Religionsverständnis wird üblicherweise in dem Sinn aufgenommen, daß die Offenbarung Gottes in Christus die Unwahrheit aller Religion enthülle; denn alle Religion sei Ausdruck der sündigen Selbstmächtigkeit des Menschen. Christlicher Glaube selbst sei deshalb nicht als Religion, sondern als Widerspruch zu aller Religion zu begreifen.

Die Überlegung, die wir am Beispiel des afrikanischen Konzepts der »Ganzheit des Lebens« erörtert haben, weist dagegen in eine andere Richtung: In den Religionen ist eine Wahrheit aufbewahrt, die sich im Licht des Evangeliums entschlüsselt, eine Wahrheit vielleicht, die in der europäischen Überlieferungsgestalt des Evangeliums noch nicht erkannt oder verdrängt worden ist. Manas Buthelezi hat diesen Perspektivenwechsel so ausgedrückt: »Die Verkündigung brachte . . . die Botschaft eines Gottes, der bereits da war«[23]. Diesen Satz kann man nur verstehen, wenn man den universalen, den inklusiven Charakter des Evangeliums Jesu Christi ernst nimmt. Die Konsequenzen dieses Satzes zu Ende denken könnte man nur in einer »Theologie der Religionen«, von der wir heute noch weit entfernt sind.

Dieser Satz wurde ausgesprochen im Rahmen eines theologischen Entwurfs, der bewußt auf die besondere geschichtliche Situation eingeht, in der er entwickelt wird: einer Theologie im Kontext Südafrikas, einer »kontextuellen Theologie«. Man hat die Differenz zwischen der europäischen Theologie und den Theologien aus Ländern der Dritten Welt in den letzten Jahren immer wieder auf den Gegensatz von »traditioneller« und »kontextueller« Theologie gebracht. Diese Schlagworte sind handlich; doch sie scheinen mir weder zutreffend noch hilfreich zu sein.

Die »traditionelle Theologie« hat im Grunde immer gewußt, daß sie die christliche Überlieferung nicht unabhängig von bestimmten gesellschaftlichen und politischen Bedingungen auslegt. Sie war vielmehr, wie ich an früherer Stelle schon hervorgehoben habe, immer eine Theologie, die ihrer geschichtlichen Stunde gerecht zu werden versuchte. Die dadurch der Theologie schon immer aufgegebenen methodischen und sachlichen Probleme verschärfen sich in der gegenwärtigen ökumenischen Situation in mehrfacher Hinsicht; zugleich ergeben sich aus dem ökumenischen Vergleich und aus dem ökumenischen Dialog neue Möglichkeiten zur Wahrnehmung der eigenen Situation. Vor allem müssen wir größere Klarheit gewinnen über die geschichtliche Stunde, auf die hin wir heute das Evangelium auslegen müssen und wollen. Unser »parochiales Gewissen«[24], die Provinzialität kirchlicher Strukturen, der wiedererstarkende Nationalismus politischen Denkens behindern eine Situationsanalyse, die der wechselseitigen Verbundenheit in der »einen Welt« gerecht würde. Es wäre ein Irrtum anzunehmen, daß »kontextuelle Theologie« mit einer solchen Situationsanalyse arbeitet, während »traditionelle Theologie« auf sie verzichten kann. Im Gegenteil: Ohne die Wahrnehmung sich wandelnder Situationen gäbe es keine Geschichte der Theologie, auch nicht die einer »traditionellen Theologie«. Wir brauchen den ökumenischen Dialog, damit wir die Situation besser verstehen, in der wir heute Theologie treiben.

Dieser Dialog kann vor einer Überschätzung der Theologie warnen. Darin liegt in unterschiedlicher Weise eine Gefahr für die europäische Theologie wie auch für die Theologien aus der Dritten Welt. Europäische Theologie wird häufig dadurch überschätzt, daß ihr perspektivischer, partikularer Charakter verkannt wird. Befreiungstheologien aus der Dritten Welt werden oft dadurch überschätzt, daß ihnen ein Handlungspotential zugesprochen wird, über das sie in Wahrheit nicht verfügen. Gerade darin freilich treten sie europäisches Erbe an.

Karl Marx hat in seinen Feuerbach-Thesen den Satz geprägt, die Philosophie habe die Welt nur interpretiert, es komme aber darauf an, sie zu verändern[25]. Jürgen Moltmann hat diesen Satz in einer Form auf die Theologie übertragen, in welcher »der Theologe« zum Subjekt der geforderten Veränderung wird: »Für den Theologen geht es nicht darum, die Welt, die Geschichte und das Menschsein nur anders zu *interpretieren*, sondern sie in der Erwartung göttlicher Veränderung zu *verändern*.«[26] Bei dem lateinamerikanischen Theologen Miguez Bonino erhält derselbe Gedanke folgende Fassung: »So wie Marx es in einem geflügelten Wort von der Philosophie sagt, so soll auch die Theologie damit aufhören, die Welt zu erklären und statt dessen anfangen sie zu verändern.«[27]

Diese Abfolge von Zitaten ist interessant wegen des Wechsels im Subjekt: Marx läßt in der Schwebe, wer das Subjekt der Veränderung ist; Moltmann richtet die Aufforderung zur Veränderung an »den Theologen«; Miguez Bonino erklärt »die Theologie« zum Subjekt der Transformation. Dies ist eine Überschätzung der Theologie; Resignation aber wohnt nahe bei solcher Überschätzung. Auch weiterhin wird der Theologie nichts anderes bleiben, als geschichtliche Erfahrung im Licht des Evangeliums zu interpretieren: in der Hoffnung, daß sich Menschen zusammenfinden, um diese Interpretation in verwandelnde Praxis umzusetzen. Die Theologie ist immer auch Handlungstheorie für die Gruppen und Gemeinden, die sich um eine solche Praxis bemühen. Aber sie kann nicht selbst das Subjekt dieser Praxis sein. Auch Theologen aus der Dritten Welt brauchen

den ökumenischen Dialog – zum Beispiel, um einer solchen Überschätzung der Theologie zu entgehen.
Jede Theologie pflegt einen selektiven Umgang mit der Tradition. An kaum etwas anderem läßt sich der Wandel der Theologie deutlicher ablesen als an der sich wandelnden selektiven Emphase, mit der verschiedene Stücke der biblischen Tradition in den Mittelpunkt gerückt werden. In den Befreiungstheologien aus der Dritten Welt werden heute vor allem folgende Stränge der biblischen Tradition hervorgehoben: die Exodus-Tradition, also die Überlieferung von der Befreiung Israels aus der Knechtschaft in Ägypten, die sozialkritische Botschaft der Propheten und die Predigt Jesu, vor allem in der Gestalt der Nazareth-Perikope (Lk 4,16 ff). Die Situation, in der diese Theologien entstehen, ist also nicht nur der *Bezugspunkt* für die Auslegung, sondern sie wirkt sich gleichzeitig aus als *Auswahlkriterium* für das, was in der biblischen Tradition als besonders wichtig gilt. Eine vergleichbare *selektive Emphase* findet sich aber auch in der europäischen Theologie; kennzeichnend dafür ist zum Beispiel die hervorgehobene Bedeutung, die der paulinischen Rechtfertigungslehre in der evangelischen Theologie zukommt. Nichts wäre verkehrter, als diesen selektiven Umgang mit der Tradition einfach dadurch ausgleichen zu wollen, daß man im einzelnen theologischen Entwurf ein permanentes Gleichgewicht der Traditionsstränge zu erzeugen versucht. Sondern korrigiert wird diese selektive Emphase durch den ökumenischen Dialog: im Fremden begegnet auch immer das Fremde der eigenen Tradition.
Pablo Richard hat behauptet, der Übergang zur Theologie der Befreiung – und Schwarze Theologie schließt er hier ein – sei ein theologischer Methodenwechsel in radikalem Sinn[28]. Ich kann ihm darin nicht folgen: die methodische Nähe gerade der Befreiungstheologien zur europäischen Theologie scheint mir vielmehr offenkundig zu sein. Sie ergibt sich aus kulturellen Gründen, von denen ich an früherer Stelle gesprochen habe. Gerade die von Richard zu Unrecht bestrittene Nähe zwischen den Theologien der

Befreiung und »progressiven« Theologien in Europa macht gegenseitige Kritik und Korrektur besonders leicht möglich – leichter als etwa in der Begegnung zwischen europäischen und asiatischen Theologien. Doch eine Weiterentwicklung der Methoden theologischer Arbeit wird durch die Theologien der Befreiung angeregt: erst eine Selbstaufklärung über die eigenen Produktionsbedingungen verschafft einer Theologie jene Freiheit, aus der heraus sie prophetisch-kritisch und dadurch ökumenisch im umfassenden Sinn werden kann.

Eine solche wahrhaft kritische, nämlich selbstkritische Theologie könnte vielleicht zum Vorreiter und Modell einer ökumenischen Didaktik werden. Denn auch ihr wird es um die Begegnung mit dem Fremden gehen, die ohne kritische Selbstaufklärung nicht gelingen kann. Wenn Theologie so zu ökumenischem Lernen verhilft, wird sie vielleicht in einem besonderen Sinn eine Funktion der Kirche: ein Beitrag nämlich zu ihrer Friedensfähigkeit.

III. Christlicher Glaube vor dem Problem militärischer Gewalt

»Frieden« ist ein Grundwort der biblischen Botschaft[1]. Das alttestamentliche Gottesvolk lebt in der Wirklichkeit und unter der Verheißung des »Schalom«: eines gelingenden Lebens, das die Gemeinschaft mit Gott und mit den Mitmenschen zugleich umschließt. In der Bergpredigt preist Jesus die glücklich, die Frieden machen; sie stehen unter der Zusage, Gottes Söhne zu heißen (Mt 5,9). Paulus beschreibt die Aufgabe der Kirche als Dienst der Versöhnung (2 Kor 5,18). Und der Epheserbrief hebt hervor, daß der Frieden in Christus dadurch gekennzeichnet ist, daß die Mauern niedergelegt werden, die Menschen zuvor voneinander trennten (Eph 2,14). Mit nichts anderem läßt sich auch heute die Aufgabe der Kirche besser beschreiben als dadurch, daß man sie als Dienst der Versöhnung und des Friedens charakterisiert. Dieser Dienst ist umfassend: er betrifft das Verhältnis des Menschen zu Gott wie zu seinen Mitmenschen, zur außermenschlichen Natur wie zu sich selbst. Der Beitrag zur politisch-gesellschaftlichen Verwirklichung des Friedens ist nur eine Dimension dieses Auftrags. Doch er ist eine wichtige und unter den Bedingungen unserer Gegenwart besonders bedrängende Dimension. Zur Überwindung von Feindschaft im Bereich von Politik und Gesellschaft können Christen und Kirchen aber nur beitragen, wenn sie dazu bereit und in der Lage sind, auch zwischen sich selbst Mauern niederzulegen, das heißt ökumenisch zu leben. Ihr Friedensbeitrag und ihre eigene Friedensfähigkeit hängen unlöslich miteinander zusammen. Und zum Frieden beitragen können Christen und Kirchen nur, wenn sie nüchtern diejenigen Faktoren analysieren, die den Frieden gefährden. Zu diesen Faktoren aber zählt vor allem das in aller Welt wachsende Potential militärischer Gewalt. Welche Haltung können

Christen und Kirchen zum Aufbau und zur Anwendung militärischer Gewalt einnehmen? Welche Chancen haben sie, auf den Prozeß der Militarisierung einzuwirken, der die Machtblöcke der heutigen Welt umgreift? Welche Rolle kommt dabei der ökumenischen Gemeinschaft der Kirchen zu? Was vermag sie zum Frieden in unserer gefährdeten Welt beizutragen?

1. *Militärische Gewalt – ein ökumenisches Thema*

Die Frage, wie die Christenheit sich an der Herstellung und Sicherung eines »gerechten und dauerhaften Friedens« beteiligen könne, ist eine der Leitfragen der ökumenischen Bewegung. Der »Weltbund für Freundschaftsarbeit der Kirchen«, 1914 am Vorabend des Ersten Weltkriegs gegründet, widmete seine Arbeit dieser Frage; die Bewegung »Life and Work«, die 1925 in Stockholm zu ihrer ersten großen Konferenz zusammenkam, entstand aus der Einsicht in die Friedensverantwortung der Christen und der Kirchen. Unmittelbar nach dem Zweiten Weltkrieg wurde – zunächst als gemeinsame Einrichtung des Ökumenischen Rats und des Internationalen Missionsrats – die »Kommission der Kirchen für internationale Angelegenheiten« (CCIA) eingerichtet; sie erhielt den Auftrag, ökumenische Verantwortung im Feld der internationalen Beziehungen zu praktizieren. Dabei stand von Anfang an neben der Durchsetzung der Menschenrechte, der Förderung von Dekolonisation und wirtschaftlicher Entwicklung sowie der Ausbildung internationaler Organisationen und Rechtsformen auch die »internationale Regelung der Rüstungsfrage« im Aufgabenkatalog der Kommission der Kirchen für internationale Angelegenheiten[2]. Durch die erste Vollversammlung des Ökumenischen Rats der Kirchen (ÖRK) in Amsterdam 1948 gewann diese Aufgabe an Gewicht; denn sie erklärte programmatisch: »Krieg soll nach Gottes Willen nicht sein.« Die schreckenerregenden Erfahrungen des Zweiten Weltkriegs bildeten den Hintergrund dieses Satzes, der folgendermaßen erläutert wurde:

»Die Rolle, die der Krieg im heutigen internationalen Leben spielt, ist Sünde wider Gott und eine Entwürdigung des Menschen. Gerade jetzt (nämlich nach dem Ende des Zweiten Weltkriegs und nach dem Abwurf der ersten Atombomben über Hiroshima und Nagasaki, W. H.) sieht sich die Christenheit vor besonders brennende Fragen in bezug auf den Krieg gestellt. Der Krieg bedeutet heute etwas völlig anderes als früher. Wir haben jetzt den totalen Krieg . . . Dies . . . führt in einem modernen Krieg zu unterschiedslosen Zerstörungen in einem Umfang, wie ihn die Welt bei früheren Kriegen nicht gekannt hat. Die herkömmliche Annahme, daß man für eine gerechte Sache einen gerechten Krieg mit gerechten Waffen führen könne, ist unter solchen Umständen nicht mehr aufrecht zu erhalten. Es mag sein, daß man auf Mittel der Gewalt nicht verzichten kann, wenn das Recht zur Geltung gebracht werden soll. Ist der Krieg aber erst einmal ausgebrochen, dann wird die Gewalt in einem Umfang angewandt, der dem Recht seine Grundlage zu zerstören droht.«[3]

Mit diesen Sätzen wird ein ökumenischer Konsens darüber behauptet, daß die Lehre vom gerechten Krieg, die in der christlichen Tradition über Jahrhunderte hinweg ausgearbeitet und weitergegeben wurde, angesichts der modernen Waffensysteme keine Gültigkeit mehr beanspruchen kann. Auf dieser Grundlage wird zwischen drei Positionen unterschieden, die von Christen zur Frage militärischer Gewaltanwendung in der Gegenwart eingenommen werden. Zu unterscheiden sind:
– diejenige Position, die grundsätzlich mit der Möglichkeit der Gewaltanwendung zwischen Staaten rechnet, aber den modernen Krieg für nicht verantwortbar hält;
– diejenige Position, die die Beteiligung von Christen an militärischer Rüstung und Kriegsführung als Akt des Gehorsams gegenüber dem Staat anerkennt; und schließlich

– diejenige Position, die jede Beteiligung an militärischer Rüstung grundsätzlich verwirft und von der Kirche eine entsprechende Stellungnahme erwartet.

In den ökumenischen Aktivitäten der folgenden Jahre stand das Problem einer generellen Abrüstung nicht im Vordergrund. Die Bemühungen des ÖRK konzentrierten sich einerseits auf Beiträge zur friedlichen Beilegung von Konflikten beziehungsweise zur Beendigung kriegerischer Auseinandersetzungen, andererseits auf Überlegungen zur Kriegsverhütung und schließlich auf Diskussionen zur Rüstungskontrolle. Für das erste Problemfeld sind die Initiativen des ÖRK in der Zeit des Koreakriegs (1950–53) charakteristisch; die Arbeiten zum Thema der Kriegsverhütung haben vor allem in einer Studie von 1958 ihren Niederschlag gefunden (»Christen und die Verhütung des Krieges im Atomzeitalter«[4]); die Rüstungskontrollverhandlungen der sechziger und siebziger Jahre hat der ÖRK mit einer Reihe von Konsultationen begleitet.

Diese Rüstungskontrollverhandlungen haben zu einer Reihe internationaler Verträge geführt. Zu nennen sind vor allem: der Atomteststoppvertrag von 1963, der Weltraumvertrag von 1967, der Nichtverbreitungsvertrag von 1968, der Meeresbodenvertrag von 1971, der Vertrag über biologische Waffen von 1972, das erste SALT-Abkommen von 1972, das Übereinkommen gegen umweltverändernde Kriegführung von 1977 und schließlich das zweite SALT-Abkommen, dessen Ratifizierung zu dem Zeitpunkt, zu dem ich dies niederschreibe, ganz unwahrscheinlich geworden ist. All diese Verträge haben, so unterschiedlich ihr Charakter im einzelnen ist, eines deutlich gezeigt: Rüstungskontrollverträge können unter bestimmten Umständen den Rüstungswettlauf stabilisieren; sie können ihn aber nicht beenden. Sie können vor allem den Aufbau neuer Rüstungspotentiale in Bereichen, die noch nicht von Rüstungskontrollverträgen erfaßt sind, nicht verhindern; die gegenwärtig im Gang befindliche Entwicklung neuer Mittelstreckenwaffen in der NATO und im Warschauer Pakt zeigt dies ebenso wie in

anderer Weise der wachsende Rüstungsexport in Länder der Dritten Welt. Vor den Auswirkungen dieses Rüstungswettlaufs konnte und kann die ökumenische Bewegung nicht die Augen verschließen. Denn es wurde immer deutlicher: Durch das Wettrüsten wird ein gewaltiges Vernichtungspotential aufgebaut, welches das Leben einer unabsehbaren Zahl von Menschen bedroht; dieser Rüstungswettlauf verschlingt gigantische Mittel, die für den Aufbau gerechterer Gesellschaftsstrukturen im internationalen Maßstab fehlen; die dekolonisierten Staaten Asiens, Afrikas und Lateinamerikas werden in den Rüstungsexport und den Aufbau militärischer Gewaltpotentiale immer stärker hineingezogen; die Zahl regionaler militärischer Konflikte nimmt zu und die Gefahr eines großen internationalen Kriegs unter Verwendung atomarer Waffen wächst bedrohlich; und schließlich: die Entwicklungen im militärischen Bereich haben unmittelbare oder vermittelte Auswirkungen auf die innere Verfassung der betroffenen Gesellschaften.
Diese Entwicklungen aber sind unvereinbar mit denjenigen Grundüberzeugungen vom gesellschaftlichen Zusammenleben der Menschen, auf welche sich die ökumenische Gemeinschaft von ihren Anfängen an verständigt hat. Der Widerspruch, der hierdurch entsteht, wird schon deutlich, wenn man sich an das Konzept der »verantwortlichen Gesellschaft« erinnert, das von der ersten Vollversammlung des ÖRK 1948 in Amsterdam formuliert wurde:

»Der Mensch ist geschaffen und berufen, ein freies Wesen zu sein, verantwortlich vor Gott und seinem Nächsten. Alle Tendenzen innerhalb des Staates und der Gesellschaft, die den Menschen der Möglichkeit des verantwortlichen Handelns berauben, sind eine Verleugnung des Willens Gottes über den Menschen und seines Erlösungswerkes. Eine verantwortliche Gesellschaft ist eine solche, in der Freiheit die Freiheit von Menschen ist, die sich für Gerechtigkeit und öffentliche Ordnung verantwortlich wissen und in der jene, die politische Autorität oder wirtschaftliche Macht besitzen,

Gott und den Menschen, deren Wohlfahrt davon abhängt, für ihre Ausübung verantwortlich sind.«[5]

Schon gegenüber diesem Konzept der »verantwortlichen Gesellschaft« gilt, daß die Auswirkungen des weltweiten Rüstungswettlaufs mit ihm nicht vereinbar sind. Noch mehr gilt dies, wenn man sich die weiteren Entwicklungen der ökumenischen Sozialethik vergegenwärtigt, die über die Wahrnehmung des »raschen sozialen Umbruchs« schließlich zu dem Konzept der »gerechten, partizipatorischen und lebensfähigen Gesellschaft« (»just, participatory and sustainable society«) geführt haben[6]. Im Blick auf alle drei in diesem Konzept enthaltenen Kriterien – Gerechtigkeit, Partizipation, Lebensfähigkeit – muß man sagen, daß sie dem Rüstungswettlauf mit seinen Auswirkungen strikt widersprechen. Darum war es folgerichtig, daß die fünfte Vollversammlung des ÖRK in Nairobi 1975 die Frage nach Militarismus und Wettrüsten als ein wichtiges Thema ökumenischer Reflexion und ökumenischen Handelns in den Vordergrund gerückt hat.
Der Bericht über die Weltrüstungssituation, der in Nairobi angenommen wurde, schildert zunächst die Faktoren, die für den gegenwärtigen Stand des Wettrüstens charakteristisch sind: den gigantischen Umfang der Rüstungsausgaben, an denen die Staaten der NATO und des Warschauer Pakts den Löwenanteil haben; die Ausbreitung von Militärstützpunkten; die zunehmende Militarisierung von Ländern Asiens, Afrikas und Lateinamerikas; die Eigendynamik des Abschreckungssystems; die Rolle der militärischen, industriellen und bürokratischen Apparate innerhalb der einzelnen Staaten; die Bedeutung der Rüstungskontrollverhandlungen; die Opfer der Kriege, die seit dem Zweiten Weltkrieg stattgefunden haben. Auf diese Darstellung folgt ein Appell an die Kirchen, dessen entscheidende Sätze heißen:

»Die Christen müssen der Versuchung widerstehen, sich mit einem falschen Gefühl von Machtlosigkeit oder Sicherheit

abzufinden. Die Kirche sollte ihre Bereitschaft betonen, ohne den Schutz von Waffen zu leben, und bedeutsame Initiativen ergreifen, um auf eine wirksame Abrüstung zu drängen. Die Kirchen, die einzelnen Christen und die Mitglieder der Öffentlichkeit aller Länder sollten bei ihren Regierungen darauf drängen, daß die nationale Sicherheit ohne den Einsatz massiver Zerstörungswaffen gewährleistet wird.«[7]

An diesen Appell schließt sich die Forderung nach einem Studien-, Bildungs- und Aktionsprogramm an, durch welches zum Ausdruck kommt, daß »Abrüstung ein Hauptanliegen des Ökumenischen Rats der Kirchen ist«. Aus dieser Aufforderung hat sich das Studienprogramm des ÖRK entwickelt, das seit der Sitzung des Zentralausschusses des ÖRK in Kingston/Jamaica im Januar 1979 den Namen trägt: »Studienprogramm für Abrüstung und gegen Militarismus und Wettrüsten«[8]. Im Rahmen dieses Programms wurden unter anderem zwei Konsultationen über Probleme des Militarismus und über Fragen der Abrüstung durchgeführt, die in Glion im November 1977 und im April 1978 stattgefunden haben.

Man hat oft versucht, das »Anti-Militarismus-Programm«, wie es abkürzend genannt wird, mit dem »Anti-Rassismus-Programm« des ÖRK zu vergleichen. Der Vergleich hat aus vielen Gründen seine Schwierigkeiten. Der wichtigste Grund ist folgender: Der ÖRK hat sich über Jahrzehnte hinweg mit dem Problem des Rassismus auseinandergesetzt, bevor er sein »Programm zur Bekämpfung des Rassismus« im Jahr 1970 beschloß. Diesem Beschluß war eine Verständigung über den Begriff des Rassismus ebenso vorausgegangen wie eine grundsätzliche Klärung darüber, daß eine Unterstützung rassistischer Strukturen mit dem christlichen Glauben unvereinbar ist. Obwohl eine so weitgehende Einigung bereits erreicht war, löste das Programm, wie man vor allem in der Bundesrepublik und in der Schweiz weiß, noch erhebliche und zum Teil erbitterte Kontroversen aus. Wie viel mehr muß dies bei einem Thema gelten, bei dem unvergleichlich viel mehr Fragen noch ungeklärt sind: die Frage etwa nach der Legitimität eines Sicherheitsbedürfnisses, das sich zu seinem Schutz auf militärische Gewalt verläßt, oder die Frage nach Inhalt und Bedeutung des Militarismus-Begriffs, oder schließlich die Frage nach den Realisierungschancen von Abrüstungsprogrammen. Ohne daß in einigen dieser Fragen Klarheit hergestellt ist, wird der Ökumenische Rat ein »Anti-Militarismus-Programm«, das dem »Anti-Rassismus-Programm« vergleichbar wäre, nicht ausrufen können. In dieser Situation ist es verständlich, daß zunächst mit aller Vorsicht von einem »Studienprogramm« die Rede ist.

Interessant ist der Vergleich zwischen diesen beiden Arbeitsvorhaben des Ökumenischen Rats der Kirchen dennoch. Denn er verweist auf eine der Paradoxien, denen eine ökumenische Sozialethik heute ausgesetzt ist. Der Ökumenische Rat der Kirchen unterstützt durch den Sonderfonds seines Programms zur Bekämpfung des Rassismus (PCR) Befreiungsbewegungen auch dann, wenn sie sich zu militärischer Gewaltanwendung genötigt sehen. Aber er bekämpft in seinem Programm für Abrüstung und gegen Militarismus und Wettrüsten die Entwicklung staatlicher Gewaltpotentiale und die Gewaltanwendung zwischen Staaten mit den ihm zu Gebote stehenden Mitteln. Eine analoge Paradoxie zeigt sich umgekehrt auch bei manchen Reaktionen auf diese ökumenischen Programme: Aus manchen Mitgliedskirchen des ÖRK – gerade auch aus der Bundesrepublik und aus der Schweiz – wird der Sonderfonds des PCR über Jahre hinweg mit Nachdruck kritisiert, weil die Kirche sich nicht mit der Gewaltanwendung identifizieren könne, sondern immer für den Vorrang der Gewaltlosigkeit eintreten müsse. Doch aus denselben Kirchen vernimmt man auch Skepsis gegen das Programm über Abrüstung, Militarismus und Wettrüsten, weil es einem utopischen und gefährlichen Ziel, nämlich dem Abbau militärischer Gewaltmittel gewidmet sei. Während also der ÖRK im einen Fall die Anwendung von Gewalt im Rahmen revolutionärer Befreiungskämpfe zu tolerieren scheint, kritisiert er auf der anderen Seite den Aufbau staatlicher Gewaltpotentiale. Und während die Kritiker des ÖRK die revolutionäre Gewaltanwendung mit der Begründung ablehnen, daß der Gebrauch der Gewalt von christlichen Kirchen keine Unterstützung erfahren dürfe, akzeptieren dieselben Kritiker die staatliche Militärgewalt als unvermeidlich.

Dies ist eine der Paradoxien des gegenwärtigen ökumenischen Dialogs; sie wird um so verwirrender dadurch, daß die Vertreter der sich so sonderbar überkreuzenden Positionen das Motiv ihrer unterschiedlichen Stellungnahmen zum Gewaltproblem oft nicht klar aussprechen und bedenken. Dieses Motiv aber liegt offensichtlich in einer unterschiedlichen Auffassung vom Staat: Die Kritiker des ÖRK akzeptieren staatlichen Gewaltgebrauch und verwerfen die Gewaltanwendung von Befreiungsbewegungen, weil sie davon überzeugt sind, daß dem Staat ein Monopol der physischen Gewaltanwendung legitimerweise zukommt. Und Vertreter der vom ÖRK verfolgten Linie tolerieren die Gewaltanwendung von Befreiungsbewegungen, verwerfen aber die wachsende militärische Gewalt in aller Welt. Denn sie binden die Gewaltanwendung, wo sie als unvermeidlich erscheint, an ein bestimmtes Kriterium – und zwar auch dann, wenn es sich um staatliche Gewaltanwendung handelt. Sie binden sie nämlich an das Kriterium, daß diese Gewalt Freiheit möglich machen und Recht schaffen soll. Sie sehen sich Situationen konfrontiert, in denen den *Betroffenen* die Anwendung von Gewalt um der Freiheit und um des Rechts willen als unvermeidlich erscheint. Doch die Anwälte des Ökumenischen Rats bewegen sich damit auf dem schmalen Grat, auf dem die *Beschreibung* revolutionärer Situationen in die *Legitimation* von revolutionärer Gewaltanwendung umschlagen kann. Die Kritiker des ÖRK jedoch befinden sich ihrerseits in der Gefahr, die Legitimität staatlicher Gewaltanwendung in jedem Fall zu behaupten – auch dann, wenn durch sie Menschen unterdrückt, wenn sie ihrer Rechte und Freiheiten beraubt werden.

Das merkwürdige Verhältnis, in dem das »Programm zur Bekämpfung des Rassismus« und das »Programm für Abrüstung und gegen Militarismus und Wettrüsten« stehen, weist also auf eine doppelte Gefahr ökumenischer Sozialethik hin: Aus der Solidarität mit denen, die unter der Knebelung ihrer Rechte leiden und um ihre Freiheit kämpfen, kann leicht eine Theorie über die Legitimität revolutionärer Gewaltanwendung – eine »Lehre von der gerechten Rebellion«[9] – werden. Und aus der Anerkennung des Umstands, daß der Staat um des Rechtsfriedens willen über das Monopol physischer Gewaltanwendung verfügt, kann leicht eine Theorie über die Legitimität jedweder staatlicher Gewaltanwendung – eine »Lehre von der gerechten Staatsgewalt« und zugleich eine »Lehre vom gerechten Krieg« – entstehen. In beiden Positionen wird die christliche Perspektive: der unbedingte Vorrang des gewaltfreien vor dem gewaltsamen Handeln verdunkelt. Beide ökumenischen Programme können aber auch der Anlaß dazu sein, daß sich Christen wieder an die produktive Kraft der Gewaltfreiheit erinnern und sie in den gewaltsamen Verhältnissen unserer Zeit zur Geltung zu bringen versuchen. Diese Perspektive wollen wir deshalb einige Schritte weit verfolgen.

2. *Die Notwendigkeit eines internationalen Gewaltmonopols*

Es ist charakteristisch für die deutsche Sprache, daß der Begriff der Gewalt in ihr einen doppelten Sinn hat. Gewalt meint zum einen »potestas«; Gewalten sind die Institutionen des Gemeinwesens, denen um des Lebens und Zusammenlebens willen besondere Verfügungsrechte zuerkannt und delegiert werden. Diesen Sinn des Wortes Gewalt finden wir zum Beispiel überall dort, wo von der Gewaltenteilung die Rede ist; dabei werden Gesetzgebung, Regierung und Rechtsprechung als drei »Gewalten« unterschieden. Gewalt meint zum anderen »violentia«, also den physischen Zwang bis hin zur Tötung des anderen Menschen. Dieser physische Zwang ist eine dem Menschen selbst physisch gegebene, also eine von Natur aus vorhandene Möglichkeit; wenn der Mensch von dieser Möglichkeit Gebrauch macht, so geschieht dies in der Regel aus Furcht. Daß im politischen Zusammenleben der Menschen Gewalt eine so große Rolle spielt, zeigt, in wie großem Maß dieses Zusammenleben durch Furcht bestimmt ist. Der Schutz vor Gewalt durch die Androhung oder Anwendung von Gewalt ist ein besonderes Kennzeichen und Medium der Politik. Dabei ist es charakteristisch für den modernen Staat, daß er die vorbeugende und strafende Gewaltanwendung monopolisiert hat.

Dieses Gewaltmonopol bedeutet negativ, daß die einzelnen Bürger zur Verhinderung von Straftaten oder zur Sühne für erlittenes Unrecht nicht zur gewaltsamen Selbsthilfe greifen dürfen. Die Abschaffung des Fehderechts ist das entscheidende Datum für die Entstehung des modernen Staats. Unter dem Schutz des staatlichen Gewaltmonopols soll ein gewaltfreies oder doch jedenfalls gewaltarmes Zusammenleben der Bürger möglich sein. Die Autorität des Staates bricht infolgedessen dann zusammen, wenn er diese Gewaltfreiheit nicht mehr aufrechterhalten kann. Wenn der neuzeitliche Staat durch das Gewaltmonopol definiert wird, so bedeutet dies also, daß er durch seine Friedensfunktion definiert wird. Der moderne Staat ist also keineswegs, wie viele glauben wollen, durch das Ausmaß des ihm verfügbaren Gewalt*potentials*, sondern er ist durch sein Gewalt*monopol* gekennzeichnet. Dabei ist er darauf angewiesen, daß diese Monopolisierung der Gewalt von den Bürgern in aller Regel durch Konsens anerkannt wird, so daß die Gewalt des Staates nur in Grenzsituationen auch faktisch eingesetzt werden muß. Ein Staat, der sich unablässig durch den Einsatz von Gewaltmitteln Anerkennung verschaffen muß, ist bereits dabei, seine Autorität zu verlieren. Er muß zum Mittel der Gewaltherrschaft Zuflucht nehmen, weil Konsens, Kompromiß und Macht als Mittel staatlicher Politik versagt haben. Extensiver staatlicher Gewalteinsatz ist nicht ein Zeichen für den starken, sondern für den schwachen Staat; er ist nicht ein Zeichen staatlicher Macht, sondern staatlicher Ohnmacht. Dies zeigen die Polizei-, Militär- und Geheimdienstdiktaturen in aller Welt. Ihre Schwäche beruht darauf, daß sie sich auf den Konsens ihrer Bürger nicht verlassen können. Übermäßige staatliche Gewalt aber ruft Gegengewalt hervor und höhlt damit das staatliche Gewaltmonopol aus; durch einen solchen Einsatz von Gewalt gibt der Staat seine Friedensfunktion preis.

Wenn man vom Gewaltmonopol des Staates redet, spricht man damit von der rechtserhaltenden Funktion der Gewalt: Sie soll nur dazu eingesetzt werden, das bestehende Rechtssystem zu erhalten und zu festigen. Versuche zur Änderung des bestehenden Rechtssystems werden dann an gewaltfreie Methoden der Diskussion, der Demonstration und der parlamentarischen Entscheidung gewiesen. Nun kennt jedoch die neuzeitliche Entwicklung neben der rechtserhaltenden auch die rechtssetzende Gewalt: diejenige Gewalt also, die an die Stelle eines bestehenden Systems, das als Unrechtssystem empfunden wird, neues, besseres Recht stellen will. Träger der rechtserhaltenden Gewalt sind Regierungen, Justiz und Polizei; Träger der rechtssetzenden Gewalt sind Revolutionäre, Widerstandsgruppen, Befreiungsbewegungen. Gegen die Anwendung rechtssetzender Gewalt wird häufig der Einwand erhoben, dieser Versuch sei schon deshalb in sich widersprüchlich, weil Gewaltanwendung nicht zu einer Befriedung der Gesellschaft führen könne. Überzeugend ist dieser Einwand nicht; denn auch das Modell des staatlichen Gewaltmonopols sieht vor, daß um der Befriedung der Gesellschaft willen im Grenzfall Gewalt eingesetzt werden kann. Um einen Grenzfall aber handelt es sich auch bei der Anwendung von Gewalt im Widerstand gegen Unrechtsregime. Schwieriger wird eine andere Frage: die Frage nämlich, wie die rechtssetzende Gewalt in rechtserhaltende übergehen kann, wie also eine Staatsführung, die durch revolutionäre Gewaltanwendung an die Macht gekommen ist, die Anerkennung des staatlichen Gewaltmonopols durchzusetzen vermag. Aus dieser Schwierigkeit erklärt sich, daß jede revolutionäre Staatsveränderung die Gefahr in sich birgt, im Terror zu enden: da sie selbst das staatliche Gewaltmonopol verletzte, versucht sie, dessen erneute Anerkennung durch Terror zu erzwingen. Dies ist einer der Zusammenhänge, in denen die Forderung nach gewaltfreiem Handeln besondere Aktualität gewinnt.

In welchem Verhältnis steht die militärische Gewalt zu den bisher erörterten Begriffen und Formen der Gewalt? Es ist verfehlt, sie, wie es bisweilen geschieht, einfach auf das staatliche Gewaltmonopol zu verrechnen und von daher Polizei und Militär umstandslos gleichzusetzen. Zwar ist dies unter *inner*staatlicher Perspektive richtig: Nur der Staat hat das Recht, militärische Einheiten aufzustellen. Doch für den zwischenstaatlichen Bereich, in dem militärische Gewalt notfalls zum Einsatz kommen soll, versagt das Modell des staatlichen Gewaltmonopols vollständig. Eine Befriedung durch Monopolisierung der Gewalt ist im internationalen Bereich eben gerade noch nicht gelungen. Vielmehr sind die Nationalstaaten in ihren Beziehungen zueinander trotz völkerrechtlicher Kriegskonventionen und zweiseitiger Gewaltverzichtsverträge noch auf dem Stand des Fehderechts stehengeblieben. Die Überwindung des Fehderechts im innergesellschaftlichen Bereich war, so sahen wir, der entscheidende Schritt zur Ausbildung des modernen Staats. Die Überwindung des Fehderechts in den internationalen Beziehungen wäre, so können wir hinzufügen, der entscheidende Schritt beim Übergang zu einer Weltinnenpolitik. Solange dieser Schritt nicht vollzogen ist, steht die militärische Gewalt zum staatlichen Gewaltmonopol in einem unausgeglichenen Spannungsverhältnis. Die Widersprüche, denen sich militärische Sicherheitspolitik unter den heutigen waffentechnischen Bedingungen ausgesetzt sieht, sind Ausdruck für diesen Sachverhalt. Besonders drastisch zeigen sich diese Widersprüche darin, daß alle militärstrategischen Konzeptionen – etwa die »flexible response« und die »Vorneverteidigung« – von vornherein die Verletzung der Regeln des

Kriegsvölkerrechts in Kauf nehmen müssen; denn sie alle kalkulieren ein, daß auch die Zivilbevölkerung zum Opfer der kriegerischen Auseinandersetzungen wird; sie behandeln die Zivilbevölkerung als »Geisel«.

Deshalb stürzt die Existenz militärischer Gewalt unter den heutigen waffentechnischen Bedingungen jeden in ein ethisches Dilemma, in einen Gewissenskonflikt. In ihm stellen sich zum Beispiel folgende Fragen: Ist man angesichts der Tatsache, daß ein internationales Gewaltmonopol fehlt, dazu verpflichtet, zur militärischen Rüstung des eigenen Staats beizutragen? Wie läßt sich die Bereitschaft, ohne den Schutz von Waffen zu leben, praktisch unter Beweis stellen? Welche Schritte sind möglich, um eine Friedensordnung zu entwickeln, in der militärische Rüstung entbehrlich ist?

Solche Gewissenskonflikte stellen sich in einer Situation, in der die moderne Waffentechnik den Krieg radikal verändert hat; die Atomwaffen sind Inbegriff und Symbol dieser modernen Waffentechnik. Nicht moralisches Schwärmertum, sondern das Faktum der modernen Waffen stellt die Aufgabe, die Institution des Krieges zu überwinden. Militärische Gewalt steht deshalb immer unter dem Vorbehalt, daß alle politischen Anstrengungen darauf gerichtet sein müssen, die Möglichkeit kriegerischer Gewaltanwendung zu beseitigen; daraus ergibt sich nicht die völlige Abschaffung, wohl aber die tiefgreifende Umgestaltung militärischer Gewalt. Denn eine *Überwindung* des Krieges ist nur möglich, wenn auch in den *internationalen* Beziehungen ein Gewaltmonopol durchgesetzt wird.

Die Einrichtung einer solchen »Weltpolizei« wäre *nicht* identisch mit dem Übergang zu einem »Weltstaat«. Während der Begriff des Weltstaats die Vorstellung erweckt, als müsse eine transnationale politische Organisation alle bisherigen politischen Funktionen des Nationalstaats übernehmen, steht hinter dem Gedanken einer »Weltpolizei« die Überlegung, daß schon heute Aufgaben, die von den Nationalstaaten nicht mehr erfüllt werden können, von *unterschiedlichen* transnationalen Organisationen – zum Beispiel den Unterorganisationen der Vereinten Nationen – übernommen werden. Die Notwendigkeit solcher transnationaler Organisationen ergibt sich aus dem wachsenden Maß internationaler Interdependenz. Nur im Rahmen eines Systems differenzierter transnationaler Organisationen wäre eine »Weltpolizei« mit den Menschenrechten vereinbar; andernfalls müßte man fürchten, daß sie das Ende der Freiheit wäre. Doch bestimmte politische Funktionen können heute nur noch transnational wahrgenommen werden; außer der Bändigung der militärischen Gewalt gehört hierzu die Verwaltung von Rohstoffen. Andere politische Aufgaben dagegen – so zum Beispiel die Versorgung der Bürger mit Dienstleistungen, die Organisation von Bildung und ähnliches – können nur lokal und regional erfüllt werden; sie müssen in einer möglichst dezentralisierten Form und unter aktiver Partizipation der Betroffenen organisiert werden. Die Forderung, transnationale Organisationen für bestimmte Aufgaben einzurichten, und die andere Forderung nach Dezentralisierung politischer Funktionen und nach Partizipation schließen sich also keineswegs aus, sondern bedingen sich wechselseitig. So ist vor allem die Bändigung militärischer Gewalt eine Voraussetzung dafür, daß überhaupt gesellschaftliches Leben sich lokal und regional entfalten kann.

Von einem positiven Verhältnis zwischen militärischer Gewalt und Frieden kann erst und nur unter der Voraussetzung die Rede sein, daß es gelingt, dem Gewaltmonopol in den internationalen Beziehungen zum Durchbruch zu verhelfen. *Nationale* Sicherheit ist, wenn das Wort mehr als einen ideologischen Sinn haben soll, nur noch unter der Voraussetzung eines *internationalen* Gewaltmonopols zu verstehen; nationale Sicherheit dagegen, die sich auf nationale militärische Gewaltpotentiale meint stützen zu können, wird je länger desto mehr zur Selbsttäuschung. Jede Regierung, die diesen Zusammenhang erkannt hat, wird Möglichkeiten der Rüstungskontrolle und der Abrüstung nutzen müssen, um die Staatengemeinschaft dadurch dem Ziel eines internationalen Gewaltmonopols Schritt für Schritt näher zu bringen.

Solche Überlegungen sind doch illusionär, wird mancher Leser einwenden. Wenn man die Erfahrungen eines Jahres an sich vorbeiziehen läßt, zum Beispiel des Jahres 1979, findet man kaum Ansatzpunkte für eine wirksame Abrüstung, wohl aber Maßnahmen, die eine neue Phase des Wettrüstens einleiten. Auch die Abrüstungsankündigungen dieses Jahres, zum Beispiel die Ankündigung Breschnews vom Oktober 1979, daß die UdSSR ihre Truppen und Panzer in der DDR reduzieren wird, sind in Wahrheit nur Rüstungskontrollmaßnahmen. Von ihnen sind nur militärische Potentiale betroffen, für die es schon funktionale Äquivalente gibt. Sie werden in ihrem Umfang jedenfalls bei weitem übertroffen von den in der NATO wie im Warschauer Pakt angekündigten oder im Gang befindlichen weiteren Rüstungsmaßnahmen. Mir ist kein Land bekannt, das im Jahr 1979 seine Rüstungsausgaben gesenkt hätte; von einem internationalen Gewaltmonopol sind wir sehr weit entfernt.

Dennoch muß man daran festhalten: Wenn militärische Gewalt dauerhaft gebändigt und der Frieden politisch gesichert werden soll, ist ein internationales Gewaltmonopol notwendig. Solange es nicht besteht, ist es wahrscheinlich, daß die verfügbaren militärischen Gewaltmittel auch eingesetzt werden; man muß deshalb auch mit der Wahrscheinlichkeit eines atomar geführten Krieges rechnen. Diese Einsicht nötigt zu der Frage, welche Faktoren dem Rüstungssystem eine solche Stabilität geben, obwohl es die Lebensmöglichkeiten der Menschen in so massiver Weise bedroht. Woher kommt es, daß die Menschheit eher sich selbst vernichtet, als den Krieg abzuschaffen? Wenn wir Teilantworten auf diese Frage geben wollen, so müssen wir uns zunächst daran erinnern, daß die Furcht ein treibendes Motiv aller Politik ist. Sie ist der Anlaß dazu, daß Menschen soviel Macht – auch soviel militärische Gewalt – zu akkumulieren versuchen, wie sie erreichen können; deshalb spricht die geschichtliche Erfahrung dafür, daß die Staaten solange weiterrüsten werden, wie dies für sie ökonomisch erträglich ist. »Der normale geschichtliche Gang ist Aufrüstung bis zur ökonomischen Unerträglichkeit, dann irgendwann eine innenpolitische Krise und im Zusammenhang mit ihr ein Krieg, und nach dem Krieg das Rüstungsdiktat der Sieger.«[10] Furcht also löst die Akkumulation von Macht aus; im Zusammenhang mit militärischer Rüstung wird diese Furcht als »Sicherheitsbedürfnis« bezeichnet. An sie knüpfen sich nun Interessen unterschiedlicher Art; je größer das Rüstungssystem ist, desto stärker sind die Interessen, die sich mit ihm verbinden. Rüstung wird zu einem einflußreichen Wirtschaftsfaktor; sie wird zum Träger wissenschaftlicher und technologischer Entwicklung; mit ihr verbindet sich eine starke politische Administration; und schließlich verbinden sich mit ihr die Interessen des Militärs selbst. So bildet sich um das Rüstungssystem ein militärisch-industriell-bürokratisch-wissenschaftlicher Komplex, der die politischen Handlungsmöglichkeiten in diesem Bereich maßgeblich mitbestimmt. Durch die wechselseitige Drohpolitik zwischen Staaten oder zwischen Machtblöcken wie der NATO und dem Warschauer Pakt – eine Drohpolitik, die auch in Phasen der Entspannung durch das System der Abschreckung fortgesetzt wird – stabilisieren sich die Interessen dieser militärisch-industriell-bürokratisch-wissenschaftlichen Komplexe in den verschiedenen Ländern wechselseitig. Widerstand gegen die Mechanismen, die zur Aufrüstung führen, und gegen die Interessen, die sich damit verbinden, kann allenfalls dann mobilisiert werden, wenn sich eine *kritische Öffentlichkeit* bildet. Ihre Aufgabe ist es, das Bewußtsein dafür zu schärfen, daß die Institution des Krieges überwunden werden muß und daß deshalb Möglichkeiten zur kontrollierten Rüstungsbeschränkung und Abrüstung entschieden wahrgenommen werden müssen. In der Bundesrepublik besteht eine solche kritische Öffentlichkeit bisher nicht in ausreichendem Maß; denn sonst wären die Fragen von Rüstungsbeschränkung und Nachrüstung im

Jahr 1979, das ich als Beispiel wählte, in der Bundesrepublik intensiver diskutiert worden. Man kann sich fragen, ob es für die Bildung einer solchen kritischen Öffentlichkeit nicht zu spät ist; doch angesichts des Unheils, das durch das dauernde Wettrüsten heraufgeführt wird, müssen auch allerletzte Möglichkeiten noch genutzt werden. Auch den christlichen Gemeinden und Initiativgruppen, den kirchlichen Erwachsenenbildungseinrichtungen und Akademien sowie anderen kirchlichen Institutionen stellt sich die Aufgabe, zur Herstellung einer kritischen Öffentlichkeit beizutragen.

In einer solchen kritischen Öffentlichkeit muß die Frage erörtert werden, ob militärische Gewalt die Funktionen überhaupt noch erfüllen kann, die ihr zugesprochen werden. Als vorrangige Aufgabe militärischer Rüstung gilt heute die *Kriegsverhütung*. Wir wissen, daß es im Verhältnis zwischen NATO und Warschauer Pakt in den letzten drei Jahrzehnten *trotz* der beiderseitigen Aufrüstung nicht zu einer kriegerischen Auseinandersetzung gekommen ist; wir wissen nicht, ob dies *wegen* der militärischen Rüstung oder aus anderen Gründen verhindert werden konnte. Diese drei Jahrzehnte sind kein Beweis dafür, daß das System der Abschreckung seine Aufgaben erfüllt. Vielmehr kann man seit einem Jahrzehnt wissen, daß es zwar zwischen den Supermächten gilt, für Europa dagegen nicht widerspruchsfrei funktioniert[11]. Zwischen den Supermächten besteht heute eine Abschreckung, die auf den strategischen Kernwaffen beruht; wer mit der Anwendung strategischer Atomwaffen droht, muß erwarten, daß sie gegen ihn eingesetzt werden. Gerade deshalb aber konnte unter dem Schild dieser wechselseitigen atomaren Abschreckung eine Vielzahl regional begrenzter Kriege entstehen, die bisher freilich nur in der Dritten Welt stattfanden[12]. Sie aber beweisen, daß die Abschreckung den Ausbruch von Kriegen nicht verhindert; die Funktion der Kriegsverhütung versagt.

In der Situation eines »Verteidigungsfalls« besteht die Aufgabe militärischer Gewalt in der *Schadensbegrenzung*. Mit dieser Aufgabe sind die Vernichtungspotentiale heutiger

Waffensysteme und die Vernichtungsabsichten, die in heutigen strategischen Konzeptionen enthalten sind, unvereinbar. Glaubhaft wäre die Absicht der Schadensbegrenzung also nur dann, wenn man – für eine Übergangszeit auf dem Weg zu einem internationalen Gewaltmonopol – völlig veränderte strategische Konzeptionen entwerfen würde, die nicht darauf ausgerichtet sind zu vernichten, sondern Vernichtung zu verhindern. Dazu bedarf es einer dezentralisierten und eindeutig defensiven Verteidigung; zugleich müssen Mindestelemente einer solchen militärischen Verteidigung mit sozialer Verteidigung und einem dezentralisierten Bevölkerungsschutz verbunden werden. Am weitesten gehen in dieser Richtung die Vorschläge von Horst Afheldt zur Bildung von dezentralen »Technokommandos«, deren wichtigste Aufgabe die Panzerabwehr ist[13]. Solche Vorschläge können nur politisches Gewicht erhalten, wenn in der Öffentlichkeit die Bereitschaft wächst, sich auf alternative Formen der Verteidigung einzulassen. Man kann nur hoffen, daß diese Bereitschaft nicht zu spät entsteht.

3. Die Ethik der Politik und die Ethik der Liebe

So weit kann eine Analyse vordringen, die sich an den gegenwärtigen Formen militärischer Gewalt orientiert. Betrachtet man die Situation jedoch unter der Perspektive des christlichen Glaubens, so ist es unvermeidlich, daß die Überlegungen eine ungleich radikalere Gestalt annehmen. Denn dem Christentum ist von seinen Anfängen an ein problematisches Verhältnis zur Gewalt eigen. Der ursprüngliche Ausdruck hierfür ist die Bergpredigt. In ihr radikalisiert Jesus das Gebot der Nächstenliebe zum Gebot der Feindesliebe. Diese Radikalisierung des Liebesgebots gibt den Horizont dafür ab, daß Jesus auch das Gesetz der gewaltsamen Vergeltung nicht mehr anerkennen kann: nicht einmal mehr als Strafgewalt, als Gewalt der vergeltenden Sühne hat die Gewalt in der Bergpredigt einen Platz. Welche Möglichkeiten er menschlichem Leben eröffnen will, macht Jesus durch eine radikale und gerade darin sinnvolle »Übertreibung«[14] klar: durch die Schilderung des vollständigen Gewaltverzichts. Jesus stellt seinen Hörern eine Art der Liebe vor, die alle für natürlich gehaltenen Grenzen der Liebe übersteigt; er redet von einer restlos aufopfernden Art der Liebe, die allerdings selbst in der Aufopferung nicht einfach passiv bleibt, sondern selbst dem noch, der Unrechtes fordert und tut, statt ihn nur zu erdulden, aktiv entgegenkommt: sie hält die andere Backe hin, gibt auch noch den Mantel, geht eine Meile zu viel. Das Befremdliche an dieser »Übertreibung« besteht darin, daß sie einleuchtend und rätselhaft in einem ist. Einleuchtend ist sie darin, daß das Bild der Menschlichkeit, das in ihr zur Sprache kommt, unwidersprechlich und unvergeßlich ist. Rätselhaft ist sie darin, daß sie einen radikalen Riß in die Praxis menschlicher Existenz hineinträgt. Diese Praxis »wird in sich selbst auseinandergebrochen; denn das Politische kann als solches nicht im Rahmen dieser Ethik der Widerstandslosigkeit und des Opfers gedacht werden«[15].

Dieser Riß wurde schon im ältesten Christentum gespürt. Der Römerbrief des Paulus ist dafür ein eindrucksvoller Beleg. In Römer 13 rät Paulus den Christen in Rom, sich den politischen Behörden nicht nur aus nackter Furcht, sondern aus Gewissensgründen zu unterwerfen. Er tut dies in einem Zusammenhang, in dem von der Liebe, die jeder Mensch seinem Nächsten schuldet, die Rede ist; die Forderung, nicht Böses mit Bösem zu vergelten, wird von Paulus mit einer Nachdrücklichkeit erhoben, die mit der Radikalität der Bergpredigt durchaus vergleichbar ist. Er ermutigt die römischen Christen dazu, auf alle Vergeltung zu verzichten; und im unmittelbaren Anschluß an diesen Appell zur Liebe zeichnet er die Gestalt staatlicher Autorität. Was aber ist die Aufgabe der staatlichen Behörden? Sie bestrafen den, der Böses tut – ihr Gesetz ist das Gesetz der Vergeltung, nicht das Gesetz der Liebe. Aufgabe des Staates ist die strafende Gewalt. Paulus leitet sie nicht aus der Liebe, sondern aus der

Gerechtigkeit ab. In der strafenden Gewalt des Staates verschlüsselt sich die strafende Gerechtigkeit, der Zorn Gottes; doch ebenso wie das Verhältnis zwischen Zorn und Liebe in Gott ein Rätsel bleibt, so ist das Verhältnis der staatlichen Strafgewalt zur Ethik der Liebe ein Rätsel.

Diese Rätselhaftigkeit nötigt zu der Frage: Gibt es eine Grenze der staatlichen Gewalt? Kann die Ethik der Liebe der Gewalt des Staates ein Maß, eine Grenze setzen? Diese Grenze ist das Mordverbot: »Du sollst nicht töten.« Diese rein negative Bestimmung allein kann die Ethik der Liebe und die Ethik der Politik zusammenhalten. Nur wo die Achtung vor der Person des andern zumindest darin zum Ausdruck kommt, daß diese Grenze nicht überschritten wird, bleibt die Ethik der Politik mit der Ethik der Liebe vereinbar. Dies bedeutet für die Strafgewalt des Staates: nur ein Strafrecht, das diesseits der Todesstrafe bleibt, schließt die Liebe nicht völlig aus.

Was ergibt sich aus dieser Überlegung für die Frage nach der Rechtfertigung militärischer Gewalt? Die Gewalt des Krieges ist dadurch definiert, daß sie sich nicht an die Grenze der Mittel hält, die wir gerade als eine unbedingte Grenze erkannt haben: das Tötungsverbot. Ein Staat, der sich selbst gegenüber seinen eigenen Bürgern das Recht zur Tötung nicht mehr anmaßt und die Schranke des Tötungsverbots im Strafrecht anerkennt – ein solcher Staat hat im Grundsatz bereits auch anerkannt, daß die Vernichtung von Menschenleben im Krieg nicht gerechtfertigt werden kann.

Gibt es jedoch nicht andere Wege, die Anwendung kriegerischer Gewalt zu begründen? Gewiß! Über Jahrhunderte hinweg hat man versucht, eine solche Begründung in der Lehre vom gerechten Krieg zu finden. Die waffentechnische Entwicklung unserer Zeit hat uns diese Möglichkeit aus der Hand geschlagen; denn man kann die verfügbaren Gewaltmittel zu einem »gerechten Grund« nicht mehr in ein rational kalkulierbares Verhältnis setzen. Deswegen hat man – im Anschluß an Art. 51 der Charta der Vereinten Nationen – die Begriffe der Notwehr und der Nothilfe auf das Verhältnis zwischen Staaten übertragen und den Verteidigungskrieg als Akt staatlicher Notwehr oder Nothilfe zu rechtfertigen versucht.

Dieser Versuch ist verständlich; angesichts des Faktums militärischer Gewalt kann man einem Staat das Recht nicht grundsätzlich bestreiten, daß er sich gegen einen militärischen Angriff zur Wehr setzt. Dennoch stößt auch diese Argumentation auf eine Reihe von Schwierigkeiten. Sie beginnen damit, daß es keinen von den verschiedenen Staaten gemeinsam anerkannten Maßstab dafür gibt, was als Verteidigungskrieg gelten kann; ein Präventivkrieg zum Beispiel, mit dem ein Staat die von ihm für lebenswichtig erklärte Erdölversorgung zu sichern versucht, wird von ihm als ein Verteidigungskrieg bezeichnet werden. Dem Versuch, die Begriffe der Notwehr und der Nothilfe auf den Krieg zu übertragen, steht auch entgegen, daß diese Begriffe auf das Verhältnis zwischen Staaten nur schwer anwendbar sind. Denn mit ihnen werden diejenigen Grenzfälle bezeichnet, in denen der einzelne das Gewaltmonopol des Staates durchbrechen darf, um eine unmittelbare Gefahr für das eigene Leben oder für das Leben eines anderen abzuwehren. Dabei wird im äußersten Fall in Kauf genommen, daß derjenige, der zur Notwehr oder zur Nothilfe greift, damit das Leben des Angreifers gefährdet; ausgeschlossen ist, daß sich damit die Intention zur Zerstörung des eigenen Lebens verbindet – dieses soll vielmehr gerade geschützt werden.

Rechtlich betrachtet, entstammt also die Anerkennung der Notwehr und der Nothilfe einer Güterabwägung zwischen dem zu schützenden Leben und dem Lebensrecht des Angreifers. Man hat diesen Gedanken auch auf gesellschaftliche Probleme übertragen und von »gesellschaftlicher Notwehr als gewaltsamer Gegenwehr gegen institutionalisierte Unterdrückung« gesprochen[16]. Hier wird der Begriff der Notwehr mit dem Recht auf Widerstand verbunden. Auch wenn man dies anerkennt, bleibt es problematisch, den Gedanken der Notwehr oder der Nothilfe auch auf den Krieg zwischen Staaten, vor allem in seiner modernen Gestalt, zu übertragen. Denn worin besteht die analoge Güterabwägung bei einer solchen Übertragung? Im Krieg schützt man nicht das eigene Leben oder das Leben eines andern. Man ist – den Fall eines Verteidigungskrieges vorausgesetzt – vielmehr bereit, das eigene Leben und das Leben anderer aufs Spiel zu setzen, um den Staat zu schützen. »Das einzige Motiv dafür, dem Staat in Waffen im Krieg zu dienen, ist der Wille, den Staat fortbestehen zu sehen.«[17] Dies aber führt unter den heutigen Bedingungen bis an jene Grenze, an der um des Fortbestehens des Staates willen das Überleben seiner Bürger aufs Spiel gesetzt wird. In einer solchen Situation steht der Gedanke staatlicher Notwehr vor derselben Schwierigkeit wie die Lehre vom »gerechten Krieg«. Beide Argumentationen werden unanwendbar, wenn die eingesetzten militärischen Mittel zu dem angestrebten Ziel – der Wiederherstellung des Friedens – nicht mehr in ein rational kalkulierbares und sittlich vertretbares Verhältnis gebracht werden können.

So bestätigt diese Überlegung noch einmal: Militärische Gewaltanwendung verstrickt die an ihr beteiligten Menschen immer und unausweichlich in ein unauflösliches Dilemma, in einen Gewissenskonflikt. In dieses Dilemma ist aber nicht nur verstrickt, wer sich zum Dienst mit der Waffe entscheidet, sondern auch, wer sich dieser Aufgabe entzieht oder nicht vor die Entscheidung gestellt wird. Denn solange die internationalen Beziehungen noch auf der Grundlage der Gewaltandrohung und der Gewaltanwendung beruhen, kann auch der nicht die volle Verantwortung für die Folgen seines Tuns übernehmen, der sich am Dienst mit der Waffe nicht beteiligt. Sein Handeln kann einstweilen nicht mehr sein als ein Zeichen für einen politischen Zustand, der noch nicht besteht. Es ist ein Zeichen dafür, daß die Anwendung tötender Gewalt durch den Staat nicht gerechtfertigt werden kann, daß deshalb militärische Gewaltpotentiale abgebaut werden müssen und der Frieden einer politischen Sicherung bedarf. Wenn die Entscheidung gegen den Kriegsdienst in den Versuch mündet, zur Entwicklung des Friedens im

Nahbereich oder über Grenzen hinweg beizutragen, so liegt darin ein Zeichen für den Vorrang des gewaltfreien vor dem gewaltsamen Handeln. Wegen dieses Vorrangs kann zwischen dem »Friedensdienst mit Waffen« und dem »Friedensdienst ohne Waffen« keine Symmetrie bestehen. Schon vor zwei Jahrzehnten haben deshalb die »Heidelberger Thesen« über »Atomzeitalter, Krieg und Frieden« die Asymmetrie zwischen dem Waffengebrauch und dem Waffenverzicht deutlich zu machen versucht. Sie bezeichnen den Versuch, »durch das Dasein von Atomwaffen einen Frieden in Freiheit zu sichern«, als eine *»heute noch mögliche* christliche Handlungsweise«; und sie kennzeichnen den Waffenverzicht »als eine christliche Handlungsweise«[18]. Aus dem Vorrang des gewaltfreien Handelns ergibt sich eine zeitliche Dynamik: das politische Handeln von Christen muß auf die Herstellung von Zuständen drängen, in denen der Waffengebrauch nicht mehr als eine »heute noch mögliche christliche Handlungsweise« anerkannt werden muß. Die christliche Einsicht, daß das Handeln des Staats am Tötungsverbot eine unaufhebbare Grenze hat, setzt sich deshalb in Versuche um, zu einem Abbau militärischer Gewaltpotentiale und zu einer politischen Sicherung des Friedens beizutragen.

4. Politische Religion und christlicher Militarismus

Das Christentum hat, so sagte ich, zur Gewalt ein problematisches Verhältnis. Wir müssen uns nun einer anderen Seite dieses Verhältnisses zuwenden. Die radikale Absage an die Gewalt, die sich in der Verkündigung und im Lebensstil Jesu und im »Wanderradikalismus«[19] der frühen Jüngergemeinde ausprägte, hat, wie man weiß, die Geschichte des Christentums nicht durchgängig bestimmt. Eine veränderte Einstellung zum Problem der Gewalt ergab sich vor allem aus der Wende in der Geschichte des Christentums, mit der dieses in den Raum politischer Verantwortung eintrat – der politischen und reichsrechtlichen Anerkennung des Christentums durch Konstantin und seine Nachfolger. Mit diesem Schritt übernahm die christliche Kirche auch die Mitverantwortung für die kriegerischen Auseinandersetzungen der staatlichen Macht, mit der sie sich nun verbündete. Gegen den Kriegsdienst der Christen wurden Einwände nun nur noch von Minderheitsgruppen erhoben. Den Großkirchen aber galt nur der Kriegsdienst der Priester und Mönche als verboten. Denn sie wurden als die wahren Soldaten Christi betrachtet, die nicht zugleich als Soldaten des Kaisers dienen könnten. In der Folgezeit wurde die Frage nach der Unausweichlichkeit des Krieges nicht selten mit der Lehre von der Erbsünde, die Frage nach dem Recht der Kriegführung aber mit der Lehre vom gerechten Krieg beantwortet. Immer wieder wurden Kriege im christlichen Namen als heilige Kriege ausgegeben, wobei man sich eine Tradition des Alten Testaments zunutze machte.

Diese Lehren sind Versuche, ein unproblematisches Verhältnis zwischen christlichem Glauben und militärischer Gewalt zu ermöglichen. So trugen sie zur Ausbildung eines christlichen Militarismus bei.

Der Begriff des Militarismus verweist in seinem heutigen Gebrauch auf die Einstellungen, die sich mit der Bereitschaft verbinden, internationale Konflikte mit Hilfe militärischer Gewalt zu lösen. Solche Bereitschaft zu militärischer Gewaltanwendung verknüpft sich in aller Regel, wie vor allem Untersuchungen in Nordamerika gezeigt haben, mit einer Reihe weiterer Einstellungsmerkmale: mit Nationalismus, Rassendiskriminierung, autoritärem Verhalten, Strafmentalität; nicht zuletzt verknüpft sie sich auch mit religiöser »Orthodoxie«, also mit kirchlich eng gebundenem, konventionell christlichem Verhalten[20]. Für die Bereiche, für die mir derartige Untersuchungen bekannt sind, kann man formulieren: Je enger sich ein Mensch an traditionelle Lehren und Verhaltensweisen seiner Kirche anschließt, desto größer ist die Wahrscheinlichkeit, daß er militaristische Einstellungen und Verhaltensweisen ausbildet. Für den deutschen Bereich bestätigen auch historische Untersuchungen, daß Nationalismus, Militarismus und Religion sich eng miteinander verbunden haben. Noch heute läßt sich ferner folgendes feststellen: In einem beträchtlichen Teil der Bevölkerung verbindet sich die Erwartung, die Kirche solle sich für die Aufrechterhaltung von Tradition, Sittlichkeit und Moral einsetzen und an den traditionellen kirchlichen Lehren festhalten, mit der Auffassung, daß christliche Erziehung wie Erziehung überhaupt vor allem auf Gehorsam gerichtet sein muß. Es liegt nahe, im Militarismus ein weiteres Kennzeichen für diese verbreitete Einstellung zu sehen.

Betrachten wir den Militarismus sozialpsychologisch, so stoßen wir also auf einen Einstellungskomplex, der keineswegs auf den Bereich der internationalen Beziehungen beschränkt ist. Der Militarismus fügt sich vielmehr in eine Strafmentalität und Gewaltbereitschaft ein, die alle Ebenen sozialen Zusammenlebens – von der Familie bis zu den internationalen Beziehungen – umgreift. Man wird nicht sagen können, daß ein solcher Militarismus für Wettrüsten und kriegerische Gewaltanwendung in jedem Fall die *Ursache* abgibt; doch erhöht er die *Bereitschaft,* Rüstungsmaßnahmen und kriegerische Gewaltakte mitsamt ihren innergesellschaftlichen Auswirkungen hinzunehmen oder auch aktiv zu unterstützen.

Für die christlichen Kirchen liegt in solchem Militarismus eine besondere Herausforderung, weil er sich so häufig mit konventioneller Christlichkeit, mit religiöser »Orthodoxie« verbindet. Die Kirchen begegnen hier also den Früchten ihrer eigenen Verkündigung und ihres eigenen Unterrichts. Die Verkündigung des strafenden Gottes und die Predigt von der Sündigkeit des Menschen haben sich häufig mit der Erziehung zu einer Strafmentalität verknüpft, die sich auch in aggressivem Militarismus niedergeschlagen hat. Deshalb stellt sich den Kirchen die Aufgabe, den religiösen Wurzeln des Militarismus nachzugehen.

Dabei erweist sich der Militarismus als eines der stärksten Beispiele für die Paradoxie des Christentums. Diese Paradoxie liegt in dem Widerspruch zwischen dem Auftrag der christlichen Kirchen und ihren historischen Wirkungen; sie liegt in dem Widerspruch zwischen der Verheißung, unter welcher der christliche Glaube steht, und den geschichtlichen Folgen, die er hervorgebracht hat. Man hat verschiedene Versuche unternommen, diese Paradoxie auf bestimmte Inhalte des christlichen Glaubens zurückzuführen – sei es auf die Predigt vom zornigen und strafenden Gott, durch welche die Liebe dieses Gottes aus einer unbedingten zu einer bedingten Liebe wird; sei es auf die Rede vom Herrschaftsauftrag des Menschen über die Erde, durch welche die Menschen zu einem ausbeuterischen Verhalten gegenüber der Natur und gegenüber den Mitmenschen provoziert werden. Doch gegen alle derartigen Versuche, die Paradoxie des Christentums aus bestimmten Inhalten der christlichen Verkündigung abzuleiten, läßt sich einwenden, daß es sich dabei um Mißverständnisse der christlichen Botschaft handle. Man muß deshalb nach den Ursachen solcher Mißverständnisse fragen.

Für die Entwicklung der christlichen Kirchen in Europa liegt eine entscheidende Zäsur in der Verbindung von Kirche und politischer Macht, die durch die konstantinische Wende eingeleitet wurde. Mit dieser Verbindung wurde die Distanz des christlichen Glaubens zum Phänomen der Macht keineswegs aufgehoben. Vielmehr ergab sich nun eine eigentümliche Doppelrichtung der Christentumsgeschichte: der Distanz gegenüber aller weltlichen Macht trat die Anpassung an die politische Macht zur Seite; in der Entwicklung der christlichen Ethik bildete sich das darin ab, daß sich eine Zwei-Stufen-Ethik ausprägte, die bald zu einer Zwei-Klassen-Ethik ausgestaltet wurde. Der Ethik der zehn Gebote wurden die »Ratschläge des Evangeliums« gegenübergestellt (Zwei-Stufen-Ethik), die bald in einem mehr oder weniger exklusiven Sinn als Grundsätze einer Mönchsethik verstanden wurden (Zwei-Klassen-Ethik). Im Protestantismus zeigte sich eine vergleichbare Tendenz in denjenigen Konzepten, die eine radikal christliche Praxis auf den Bereich der

individuellen Frömmigkeit und des privaten Lebens beschränkten, weil für den Bereich der öffentlichen Institutionen andere, eigene Gesetze in Geltung stünden.
Mit dieser Doppelung im Verständnis christlicher Ethik nun hängt eine eigentümliche Doppelfunktion der Kirche zusammen, die für den geschichtlichen Erfolg des Christentums erhebliche Bedeutung hat: Die Kirchen sind zugleich Instrumente der Anpassung *und* der Befreiung, der Stabilisierung *und* der Erneuerung. In dem Maß, in dem die Kirchen Instrumente der Anpassung und Stabilisierung sind, werden aber Elemente des christlichen Glaubens zu Bestandteilen einer politischen Religion. Sie rechtfertigt die jeweils bestehenden politischen Herrschaftsformen und tröstet die Gewaltunterworfenen durch die Hoffnung auf ein zukünftiges Heil. Nicht nur in einer längst zurückliegenden Geschichte fand der christliche Glaube als eine solche politische Religion Verwendung; nicht nur in der Vergangenheit wurde er dem Interesse an Legitimation und Kompensation dienstbar gemacht. Sondern je geschlossener einzelne Gesellschaften als »christliche Gesellschaften« verstanden werden, desto massiver wirkt sich auch heute das Interesse daran aus, daß der christliche Glaube als politische Religion ausgestaltet wird. Die gesellschaftlichen Funktionen der Religion bestimmen dann das Verständnis des christlichen Glaubens.
In der Bundesrepublik wird heute die Diskussion über »Grundwerte« von manchen Seiten aus dem deutlichen Wunsch heraus geführt, Elemente einer »christlichen Gesellschaft« wiederherzustellen; deshalb tragen auch manche Beiträge zum Thema der Grundwerte die Kennzeichen einer »politischen Religion«[21].
J. Comblin hat am Beispiel des lateinamerikanischen Katholizismus erläutert, wie Symbole des christlichen Glaubens im Interesse einer »politischen Religion« umgedeutet werden: Gott gilt – in dem von Comblin charakterisierten Denken – als Ursprung aller Ordnung und aller Macht. Macht ist das wichtigste Prädikat Gottes, von dem sich alle anderen Gottesprädikate herleiten. Gott setzt verschiedene Mächte in der

Schöpfung ein, von denen die Ordnung der Gesellschaft ausgeht. Die dadurch ermöglichte Idealisierung der Macht verknüpft sich leicht mit einer Glorifizierung bewaffneter Streitkräfte, die die entscheidenden Instrumente der Macht kontrollieren. Von hier aus werden weitere Elemente des christlichen Glaubens interpretiert: Der Glaube wird zum Glauben an die Bestimmung der eigenen Nation, die unter dem besonderen Schutz Gottes steht; Liebe gewinnt den Charakter nationaler Solidarität und hat deshalb den bedingungslosen Gehorsam gegenüber der eigenen Regierung zur Folge; Maria, die Mutter Gottes, ist der Oberbefehlshaber der Armee; Christus ist der Führer im Kampf gegen den zutiefst verdorbenen Marxismus[22].

Dies ist ein relativ krasses Beispiel für die Funktionalisierung des christlichen Glaubens zur politischen Religion. Sublimere Formen dieses Vorgangs zeigen sich aber überall dort, wo bestimmte Gehalte des christlichen Glaubens um der Anpassung an die gegebene politische Wirklichkeit willen außer Kraft gesetzt und wo dadurch die Spannung zwischen der Ethik der Liebe und der Ethik der Politik aufgehoben wird. Diese Spannung aber muß gerade in unserer Gegenwart angesichts der Eigendynamik des Rüstungswettlaufs, wachsender Rüstungsexporte und einer zunehmenden Militarisierung von Ländern der Dritten Welt zur Sprache gebracht werden. Um dieser Spannung willen muß in Erinnerung gerufen werden: Den christlichen Kirchen kam immer, auch nachdem sie Mitverantwortung für die Ausübung politischer Macht übernommen hatten, eine Doppelfunktion zu: Anpassung und Befreiung, Stabilisierung und Erneuerung. Der christliche Glaube beschränkt sich nicht darauf, daß er den Menschen in der Situation, in der sie sich vorfinden, ein getröstetes Gewissen vermittelt, also stabilisierend und integrierend wirkt; sondern ihm eignet zugleich von seinen Anfängen an ein Element der Unruhe: er zielt auf Erneuerung und Befreiung.

Der Ursprung der Kirche ist, wie Ernst Lange einmal gesagt hat, der Einspruch Jesu gegen die Selbstzerstörung des

Menschen[23]. Dieser Einspruch gilt der Zerstörung des Menschen und seiner Welt in einem; er betrifft die Selbstzerstörung und die Weltzerstörung zugleich. Einen besonders zugespitzten Ausdruck findet dieser Einspruch im Gebot der Feindesliebe, das in der Zuwendung Gottes zu dem ihm feindlichen Menschen seinen Grund hat. Die christliche Gemeinde ist der Ort, an dem unbewußt oder bewußt, implizit oder explizit der Aufstand gegen die Feindschaft geprobt wird und Gestalt gewinnt. Darin liegt der erste Beitrag christlicher Gemeinden zur Überwindung von Militarismus und Wettrüsten: daß sie sich ihres Ursprungs erinnern und dem Einspruch Jesu gegen das Gesetz der Feindschaft in gottesdienstlicher Feier, in gegenseitigem Dienst und in praktischer Aktion Gestalt geben. Es gibt viele Felder, in denen sich die Wirkung dieser Erinnerung zeigen kann: in der Art etwa, in der innerkirchliche Konflikte ausgetragen werden, im Umgang christlicher Gemeinden mit Randgruppen und ausländischen Mitbürgern oder in der Intensität ökumenischer Zusammenarbeit. Nur in dem Maß, in dem der Einspruch gegen die Feindschaft in den christlichen Gemeinden selbst glaubwürdige Gestalt gewinnt, wird auch der Einspruch von Christen gegen Militarismus und Wettrüsten glaubwürdig sein. Ein solcher glaubwürdiger Einspruch aber könnte um vieles wichtiger sein als die Ausarbeitung eigener christlicher Programme zur Abrüstung.

5. Die Erfahrung des Friedens und die Disziplin politischen Handelns

Aus welcher Perspektive können die ökumenische Christenheit sowie Kirchen und christliche Gruppen in den verschiedenen Ländern dafür eintreten, daß dem Wettrüsten Einhalt geboten wird, daß militaristische Einstellungen abgebaut und Möglichkeiten zur Abrüstung entschlossen wahrgenommen werden? Ihre Perspektive ist zunächst die *Erfah-*

rung des Friedens, den Gott den Menschen schenkt und um dessentwillen Jesus lebte und starb. In Gottesdienst, Gemeinschaft und Dienst gibt die christliche Gemeinde dieser Erfahrung des Friedens Ausdruck. Aus dem Lebenszusammenhang des christlichen Glaubens ergeben sich nicht mit Zwangsläufigkeit bestimmte Konzepte oder Programme gegen Wettrüsten und Militarismus oder für die Abrüstung; wohl aber ergibt sich aus ihm eine bestimmte *Disziplin* im Umgang mit den politischen Problemen unserer Zeit[24]. Der Glaube vermittelt nicht (vielleicht sogar »zeitlose«) Normen für das politische Verhalten; sondern er ermutigt zu einer Disziplin, in welcher der Christ unter den erreichbaren Möglichkeiten politischen Verhaltens nach Entsprechungen zu den Grundbestimmungen menschlichen Zusammenlebens sucht, die mit der Verheißung des Reiches Gottes gegeben sind. Es handelt sich um eine Disziplin des Glaubens, die das Bedürfnis nach Sicherheit unter der Perspektive betrachten kann, daß die Angst dieser Welt in Christus überwunden ist. Es handelt sich um eine Disziplin der Hoffnung, die sich weigert, den Kampf für Frieden und Gerechtigkeit der Resignation zu opfern. Es handelt sich um eine Disziplin der Liebe, die dem Gesetz der Feindschaft an allen Orten entgegentritt. Es handelt sich um eine Disziplin der Buße und Selbstkritik, die die Fehler der eigenen Kirche und der eigenen Nation aufmerksamer registriert als die Versäumnisse anderer. Es handelt sich um eine Disziplin der Wahrheit und der Sachlichkeit, die sich den Bedingungen und Gegebenheiten unserer Welt aussetzt und diese nicht um gut gemeinter Programme willen außer acht läßt.

Wer das Wettrüsten und den Militarismus unserer Zeit aus einer solchen Disziplin betrachtet, wird die Geschichte der historischen Friedenskirchen besonders ernst nehmen. Denn sie ist durch den Versuch gekennzeichnet, die Erfahrung des Friedens in Handlungsweisen zur Geltung zu bringen, die durch den unbedingten Vorrang der Gewaltfreiheit bestimmt sind. Diese Verhaltensweisen haben häufig den Verzicht auf Privilegien, den Verzicht auf die Verbindung von

Kirche und Macht zur Folge gehabt. Doch auch die Versuche der historischen Friedenskirchen können nicht in der Form zeitloser Normen – auch nicht der Norm des »prinzipiellen Pazifismus« oder der »absoluten Gewaltlosigkeit« – aufgenommen werden. Sondern sie müssen in die Disziplin eines christlichen Verhaltens überführt werden, das von den konstruktiven Möglichkeiten der Gewaltfreiheit so Gebrauch macht, daß dadurch der Abbau von Gewalt wirksam gefördert wird.

In welcher Richtung könnten Überlegungen gehen, die sich von einer solchen Disziplin leiten lassen?

Zur Disziplin der Sachlichkeit gehört es, auf die unterschiedlichen Bedingungen zu achten, unter denen militärische Gewalt in den verschiedenen Teilen der Erde aufgebaut und angewandt wird. Ein Hinweis auf die gegenwärtige Weltrüstungssituation kann dies verdeutlichen. In der Welt werden jährlich etwa 425 Milliarden Dollar für Rüstung ausgegeben. Der Löwenanteil dieser Ausgaben entfällt auf die Industriestaaten, vor allem auf die Staaten der NATO und des Warschauer Pakts (zusammen circa 70%). In diesen Ländern haben die Rüstungsausgaben und der Rüstungswettlauf eine Eigendynamik erreicht, die es überflüssig macht, das Rüstungssystem auf einen expliziten Militarismus zu stützen. Hinweise auf die Rüstungsanstrengungen der anderen Seite genügen zur Begründung der jeweils eigenen Militärausgaben. Deshalb existiert in Industriestaaten häufig eher ein latenter als ein manifester Militarismus. In Ländern der Dritten Welt dagegen breitet sich eine Form des Militarismus aus, deren besonderes Kennzeichen darin besteht, daß um der »nationalen Sicherheit« willen elementare Menschenrechte außer Kraft gesetzt werden. Die Ideologie der »nationalen Sicherheit« ist in Ländern der Dritten Welt die wichtigste Begründung für den Anstieg der Rüstungsausgaben, der sich in den letzten zwei Jahrzehnten in dramatischen Formen vollzogen hat. Die Rüstungsausgaben der Entwicklungsländer sind seit 1960 um 400% angestiegen; ihr Anteil an den gesamten Rüstungsausgaben in der Welt ist von 4% im Jahr 1967 auf 14% im Jahr 1977 angewachsen; der internationale Waffenhandel hat sich in den letzten fünfundzwanzig Jahren auf das Fünfzehnfache vermehrt. In den verschiedenen Regionen der Erde haben Rüstung und militärische Gewalt unterschiedliche Formen und Funktionen; auch die Auseinandersetzung mit diesen Phänomenen – zum Beispiel im Rahmen des ökumenischen Studienprogramms über Abrüstung, Militarismus und Wettrüsten – muß *regionalisiert* werden.

Doch zugleich muß man bedenken: Der Militarismus ist eine *globale* Macht. Die wachsende Bedeutung von Waffenexporten aus Industriestaaten in Länder der Dritten Welt ist dafür ein deutlicher Hinweis. Die Militarisierung außenpolitischen Verhaltens und innergesellschaftlicher Verhältnisse übergreift die unterschiedlichsten Regionen. Dabei zeigt sich in unserer Gegenwart erneut, welche Bedeutung religiöse Traditionen und deren Funktionalisierung zur politischen Religion für heutige Formen des Militarismus haben. Das zeigt sich etwa in dem Konflikt zwischen »islamischen« Staaten als den wichtigsten Öl-Produzenten und »christlichen« Staaten als den wichtigsten Öl-Konsumenten unserer Welt. Dieser Konflikt kann sich leicht weiter zuspitzen und Züge eines Religionskriegs, eines »heiligen Kriegs« annehmen. Christliche Kirchen sind dazu verpflichtet, zu ihrem Teil solchen religiösen Militarismus abzubauen und zu verhindern.

Rüstung und Militarismus sind eine globale *Macht*. Nur diejenigen Vorschläge und Aktionen werden Gehör finden, die vor den faktischen Widerständen, denen etwa Appelle zur Abrüstung heute ausgesetzt sind, nicht ausweichen. Deshalb müssen die realen Machtverhältnisse analysiert werden; mögliche Wege von der gegenwärtigen Rüstungsdynamik zu einer Reduktion der Rüstung müssen ermittelt werden; die Gefahren, die sich aus solchen Vorschlägen ergeben, müssen nüchtern geprüft werden.

Rüstung und Militarismus sind eine *kontraproduktive* Macht. Sie binden finanzielle Mittel und menschliche Intelli-

genz in einem unverantwortlichen Umfang. Deshalb muß in allen Industriestaaten gefordert werden, daß sich das Verhältnis zwischen Militärausgaben und Ausgaben für Entwicklungshilfe drastisch verändert. In Schweden umfaßt der Entwicklungshilfe-Etat immerhin rund 25% des Militär-Etats. In der Bundesrepublik Deutschland betrugen die Entwicklungshilfe-Ausgaben nach offiziellen Angaben der Bundesregierung im Jahr 1979 11,7% der Militärausgaben.
Diese Relation muß verändert werden; zugleich sollte alle Waffenausfuhr weiterhin streng begrenzt und jeder private Waffenhandel verboten werden. An solche Forderungen kann sich das Verlangen anschließen, daß Militäretats eingefroren, daß die Investitionen für Waffenerneuerungen gestoppt und daß die Militärausgaben einer internationalen Besteuerung unterworfen werden, deren Ertrag für Entwicklungsprojekte verwendet wird[25]. Nur wenn sich in den einzelnen beteiligten Ländern eine kritische Öffentlichkeit bildet, die solche Forderungen diskutiert, kann ein zusätzlicher Druck auf die internationalen Rüstungskontrollverhandlungen entstehen; und nur dann kann man hoffen, daß diese zu wirksamen, wenn auch sicher immer noch bescheidenen Ergebnissen führen. Solche Forderungen zielen auf den Abbau nationaler Rüstungen und die Einrichtung eines internationalen Gewaltmonopols.
Solche Schritte sind nur denkbar, wenn die bestehenden Rüstungskontrollvereinbarungen sowie die Regeln des Kriegsvölkerrechts, durch die bestimmte Waffenarten verboten sind, an Glaubwürdigkeit gewinnen. Dazu bedarf es einer strengeren Kontrolle der Waffenproduktion, in die auch Zivilpersonen eingeschaltet werden sollten; solche Kommissionen zur Kontrolle der Waffenproduktion hätten zu prüfen, welche Waffen produziert und exportiert werden, und ob dabei die öffentlichen Selbstverpflichtungen der Regierungen und Waffenproduzenten eingehalten werden. An eine solche Kommission könnten sich auch Beschäftigte in Rüstungsbetrieben wenden, falls ihnen die Verletzung von Gesetzen oder Vereinbarungen durch ihren eigenen

Betrieb auffällt, ohne daß sie Repressalien zu befürchten hätten. Darin läge ein Ansatz zu einer »Rüstungskontrolle von unten«[26]. Die deutsche Bundesregierung hat einen Vorstoß in einer derartigen Richtung unternommen: Sie hat im März 1979 die Mitgliedsstaaten der Vereinten Nationen eingeladen, in der Bundesrepublik durch Experten die Möglichkeiten zu überprüfen, wie das Verbot der Herstellung chemischer Waffen in den Betrieben wirksam kontrolliert werden kann[27].

Wenn für eine Übergangszeit die Aufgabe militärischer Rüstung im Kriegsfall in der Schadensbegrenzung liegen soll, so ist eine drastische Umorientierung militärischer Strategien in dieser Richtung zu verlangen und öffentlich zu diskutieren. Folgende Fragen müssen geklärt werden: Welche Waffensysteme sind für die Schadensbegrenzung erforderlich und geeignet? Welche Möglichkeiten, die Verteidigung zu dezentralisieren, lassen sich durchführen? Wie lassen sich militärische Maßnahmen mit Maßnahmen der sozialen Verteidigung verbinden? Welche Vorkehrungen zum Schutz der Bevölkerung sind nötig und durchführbar?

Christen könnten der Forderung nach Abrüstung unter anderem dadurch Nachdruck verleihen, daß sie sich weigern, an einem Krieg, bei dem Atomwaffen eingesetzt werden, mitzuwirken, aus welchen Gründen auch dieser Krieg ausbricht. Menschen, die bereit sind, ohne den Schutz von Waffen zu leben, und den Militärdienst verweigern, sollten von den christlichen Gemeinden unterstützt und öffentlich verteidigt werden. Die Kirchen müssen in ihrer Seelsorge an Soldaten die Gewissensentscheidungen deutlich machen, vor die ein Soldat in den heutigen Militärsystemen gestellt wird.

Besonders wichtig ist, daß die Kirchen sich, wenn sie jeweils in ihrem eigenen Land in dieser Weise öffentlich aktiv werden, zugleich um »vertrauensbildende Maßnahmen« über die Grenzen von Staaten und Blöcken hinweg bemühen. Öffentliche Aktionen bedürfen der Ergänzung durch vertrauliche Expertengespräche, die von den Kirchen als einer transnationalen Gemeinschaft organisiert werden können. Denn gegen Aktionen, die der Forderung nach Abrüstung Nachdruck verleihen sollen, wird oft und mit einem gewissen Recht eingewandt, sie seien nur in demokratisch verfaßten Staaten möglich; solange solche Initiativen aber nur auf einer Seite zustandekämen, werde dadurch ein Ungleichgewicht bewirkt, das im Ergebnis den Frieden gefährde. Aus diesem Einwand muß man noch einmal dies lernen: Die Auseinandersetzung mit Wettrüsten und Militarismus kann nicht von den einzelnen Christen in einzelnen Ländern isoliert aufgenommen werden; sie kann nur auf internationaler Ebene und damit in der ökumenischen Gemeinschaft geführt werden.

IV. Konziliarität – die Lebensform einer Kirche, die Frieden stiften will

Zu den Aufgaben der Christenheit gehört es, zur politisch-gesellschaftlichen Verwirklichung des Friedens beizutragen[1]. Darüber besteht in der ökumenischen Christenheit eine breite Übereinstimmung. Sie zeigt sich in Erklärungen des Ökumenischen Rats der Kirchen und der konfessionellen Weltbünde, in Verlautbarungen des Papstes, des II. Vatikanischen Konzils oder der Synode der deutschen katholischen Bistümer, in Denkschriften und Studien der EKD[2]. Und umgekehrt: Das Fehlen des Friedens, latente oder manifeste Friedlosigkeit ist der Zusammenhang, in dem das Christentum heute seine Relevanz und Glaubwürdigkeit erweisen muß. Ein Christentum, das sich dem Friedensproblem unserer Gegenwart entzieht, verzichtet auf Glaubwürdigkeit und damit auf Kommunikation[3].

Darüber herrscht eine breite Übereinstimmung. Welche Gestalt jedoch müssen das innerkirchliche Leben und das öffentliche Handeln einer Kirche gewinnen, wenn sie konsequent an der Aufgabe des Friedens orientiert sein sollen?

Zunächst ist festzuhalten: Die Frage, wie innerkirchliche Konflikte gelöst werden, die Frage auch, wie die Differenzen zwischen den getrennten Konfessionen ausgetragen werden, ist der wichtigste Prüfstein dafür, ob dem kirchlichen Friedens*auftrag* auch eine kirchliche Friedens*fähigkeit* entspricht. Der innerkirchliche und zwischenkirchliche Konfliktaustrag ist der hervorgehobene Testfall für die Glaubwürdigkeit aller kirchlichen Friedensbeiträge im politisch-gesellschaftlichen Feld. Was ergibt sich aus dieser Einsicht für das Leben der Kirche auf lokaler, regionaler und weltweiter Ebene? Was ergibt sich für die Organisationsstrukturen der Kirche? Die folgenden Überlegungen gehen von der Vermutung aus, daß die ökumenische Debatte, die in den letzten zwei Jahrzehnten zum Stichwort »Konziliarität« geführt wurde, uns in dieser Frage weiterhelfen kann.

1. Was heißt »Konziliarität«?

Das Wort »Konziliarität« gehört in einen ökumenischen Diskussionszusammenhang, der von dem Friedensproblem scheinbar weit entfernt ist, nämlich in die Arbeiten über »Glauben und Kirchenverfassung«. Es bildet den Schlüsselbegriff der Studien, die die Abteilung »Glauben und Kirchenverfassung« des ÖRK über die Konzile der Alten Kirche durchgeführt hat. Der Impuls dazu ging vom Zweiten Vatikanischen Konzil aus. Als durch dessen Einberufung die konziliare Tradition im römischen Katholizismus wiederbelebt wurde, beauftragte die Vollversammlung des ÖRK in New Delhi 1961 die Abteilung für Glauben und Kirchenverfassung mit einer Studie über die ökumenische Bedeutung der altkirchlichen Konzile. Diese Studie wurde 1968 mit einem Bericht abgeschlossen, in dem es heißt:

»Wenn wir die Bedeutung von Synoden und Konzilen für das Leben der Kirche richtig erfassen wollen, ist es angezeigt, von dem allgemeineren Begriff der Konziliarität auszugehen. Wir meinen mit diesem Begriff die Tatsache, daß die Kirche zu allen Zeiten sie repräsentierender Versammlungen bedarf und auch tatsächlich bedurft hat. Diese Versammlungen mögen sich vielfältig voneinander unterscheiden; die Konziliarität, die Notwendigkeit, daß sie stattfinden, ist aber eine konstante Struktur der Kirche, eine Dimension, die zu ihrem Wesen gehört.«[4]

Die Vollversammlung des ÖRK, die 1968 in Uppsala tagte, nahm den Begriff der Konziliarität auf[5]. Seitdem wird das Wort in zwei Hinsichten verwendet: Zum einen meint Konziliarität eine »konstante *Struktur* des Lebens der Kirche«, zum andern ein »*Ereignis*, das eines Tages vielleicht stattfinden wird«[6]. Einerseits liegt das Gewicht auf Konziliarität als einer konstitutiven Dimension der Kirche, die zu verschiedenen Zeiten in unterschiedlicher Weise Gestalt gewinnt. Andererseits wird die Erwartung eines wahrhaft universalen, eines wirklich ökumenischen Konzils ausgesprochen, das am Ende eines Prozesses der organischen Union zwischen den Kirchen stehen soll. Blickt man auf das einstweilige Ergebnis, wie es von der Vollversammlung des ÖRK in Nairobi 1975 formuliert wurde, so sieht man, daß sich die zweite Linie gegenüber der ersten weitgehend durchgesetzt hat. In der offiziellen ökumenischen Urteilsbildung ist Konziliarität als Struktur- und Prozeßkennzeichen für das Leben der Kirche in erheblichem Umfang überlagert worden durch die Erwartung – oder: die Utopie – eines besonderen konziliaren Ereignisses.

Die Etappen, die zu diesem Ergebnis geführt haben, seien kurz genannt: Der Gedanke eines universalen Konzils, der in Uppsala ausgesprochen worden war, wurde in der Folgezeit von einzelnen konfessionellen Weltbünden positiv aufgenommen[7]. Die Kommission für Glauben und Kirchenverfassung des ÖRK versuchte daraufhin, bei ihrer Sitzung in Löwen 1971 den Begriff der Konziliarität weiter zu klären. Sie deutete Konziliarität als eine konstante Struktur der Kirche und definierte sie folgendermaßen:

»Unter Konziliarität verstehen wir das Zusammenkommen von Christen – örtlich, regional und weltweit – zu gemeinsamem Gebet, zu Beratung und Entscheidung in dem Glauben, daß der Heilige Geist solche Zusammenkunft für seine eigenen Zwecke der Versöhnung, Erneuerung und Umgestaltung der Kirche benützen kann, indem er sie zur Fülle der Wahrheit und der Liebe hinführt.« Die Einheit der Kirche, auf die der Vorgang der Konziliarität zielt, steht ihrerseits im Dienst an der Einheit der Menschheit. Gerade deshalb muß Konziliarität Raum bieten »für eine große Vielfalt von Formen wie auch für Unterschiede und sogar Konflikte. Die Konziliarität der Kirche erfordert die Mitarbeit sämtlicher Laienglieder, unter denen jeder Bereich der Menschheit ver-

treten sein muß. Im Leben der Kirche muß jede Gemeinschaft der Menschheit die Gelegenheit haben, ihr eigenes authentisches Selbst zu entwickeln und auszudrücken; die Unterdrückten und Ausgebeuteten müssen für Gerechtigkeit kämpfen können; die ›Randbewohner‹ der Gesellschaft – die geistig und körperlich Behinderten – müssen ihren eigenen charakteristischen Beitrag leisten können.«[8]

Dies ist der wichtigste Text, der im Ökumenischen Rat über die Konziliarität formuliert wurde. Er verklammert die konziliare Struktur der Kirche mit der Bedeutung, die der kirchlichen Einigung für die Einheit der Menschheit zukommt. Konziliarität – Beratung in der Weise gegenseitiger Annahme, auch und gerade im Konflikt – ist die Form, in der die Kirche der Einheit der Menschheit dient. Nimmt man dies ernst, so sollte es unmöglich sein, daß unter der Überschrift der Konziliarität kirchliche Einheit zum Selbstzweck und damit der konziliare Vorgang in der Kirche selbstgenügsam wird.
Zunächst jedoch hat man im Rahmen des Ökumenischen Rats, wohl vor allem unter dem Einfluß der östlichen Orthodoxie, die zweite vorhin genannte Bedeutungslinie von Konziliarität aufgegriffen; man verwandte »Konziliarität« als Bezeichnung für ein »Ereignis, das eines Tages vielleicht stattfinden wird«. Man fügte den Begriff in Überlegungen ein, die – relativ isoliert von der Frage nach der Einheit der Menschheit – nach »Konzepten der Kircheneinheit« suchten. Sie fanden ihren Abschluß in der Konsultation von Salamanca 1973. In deren Bericht heißt es: »Die eine Kirche ist als konziliare Gemeinschaft von Gemeinden (local churches) zu verstehen, die ihrerseits tatsächlich vereinigt (united) sind«[9]. Vorausgesetzt ist die Überwindung der konfessionellen Differenzen auf der lokalen, nationalen und regionalen Ebene in einer »organischen Union«; sie ermöglicht die Einheit der universalen Kirche in konziliarer Form. Universale Einheit ist deshalb konziliar, weil so die unterschiedlichen kulturellen und geschichtlichen Hintergründe

der verschiedenen regionalen Kirchen am leichtesten miteinander vermittelt werden können. Das Konzept der Konziliarität hat nun also vor allem für die Kircheneinheit im universalen Maßstab Bedeutung; daß Konziliarität eine Grundstruktur *allen* kirchlichen Lebens ist, tritt in den Hintergrund.

Bei ihrer Sitzung in Accra 1974 bestätigte die Kommission für Glauben und Kirchenverfassung dieses Ergebnis und betonte noch einmal, daß konziliare Gemeinschaft organische Einheit voraussetzt. Der Begriff der Konziliarität wurde nun überhaupt nur noch deshalb beibehalten, weil er »ein praktikables Modell« biete »für die Beziehungen der Kirchen untereinander, die auf örtlicher, nationaler und regionaler Ebene bereits vereint sind«[10].

Von der Dynamik, die den Begriff der Konziliarität in Löwen 1971 erfüllte, ist in Accra 1974 nicht mehr viel zu spüren. Aus einer konstanten Struktur der Kirche, einer Dimension, die zu ihrem Wesen gehört, ist ein »praktikables Modell« geworden. Die Vollversammlung des ÖRK in Nairobi hat 1975 dieses Ergebnis im wesentlichen wiederholt:

»Der Begriff ›konziliare Gemeinschaft‹ . . . bringt in erster Linie die Einheit von Kirchen zum Ausdruck, die durch Raum, Kultur und Zeit voneinander getrennt sind, eine Einheit, die öffentlich dargestellt wird, wenn die Vertreter dieser Einzelkirchen zu einer gemeinsamen Versammlung zusammenkommen.«[11]

Immerhin weist der Bericht von Nairobi noch darauf hin, daß der Begriff der konziliaren Gemeinschaft daneben auch eine Qualität des Lebens in jeder Einzelkirche bezeichnet, in der die verschiedenen Gaben in der Gemeinde nicht übergangen, sondern »gehegt und gepflegt« werden. Doch Konziliarität als Grunddimension kirchlichen Lebens auf allen Ebenen wird ebenso wenig plastisch geschildert, wie die Bedeutung, welche die kirchliche Einheit für die Einheit der Menschheit hat, deutlich hervorgehoben wird.

Auch für den, der sich für den Verlauf ökumenischer Konferenzen nicht im einzelnen interessiert, mag es nützlich sein, sich an diesem Beispiel den Vorgang ökumenischer Urteilsbildung klarzumachen. Er zeigt folgendes: In dem Maß, in dem in der ökumenischen Diskussion die Einheit der Menschheit als Horizont für die Einheit der Kirche abgeblendet wird, tritt auch die bestimmende Rolle von Verschiedenheit und Versöhnung, von Konflikt und Konziliarität für das Leben der lokalen und regionalen Kirchen in den Hintergrund. Nur dort, wo kirchliche Einigung ausdrücklich auf die Einheit der Menschheit bezogen wird, wird Konziliarität als Einheit in Mannigfaltigkeit, als Versöhnung im Konflikt auch auf der Ebene lokaler und regionaler Kirchen begriffen. Nur dort wird mit der Einsicht ernst gemacht, daß die Einheit der Kirche sich im Reichtum des Besonderen entfaltet. Dieses Ergebnis ist nur auf den ersten Blick verblüffend. Bei näherem Hinsehen leuchtet ein: Erst im Horizont umfassender Einheit stellt sich die Nötigung und die Möglichkeit heraus, die produktive Chance von Verschiedenheiten und Gegensätzen auf allen Ebenen kirchlichen Lebens wahrzunehmen. Daraus aber ergibt sich die Folgerung: Wir müssen hinter den aktuellen Stand der Konziliaritätsdebatte – Konziliarität als »praktikables Modell« – noch einmal zurückgehen, um vielleicht gerade dadurch über ihn hinauszugelangen.

2. Konflikte in der Kirche

Die Hochkonjunktur, die der Begriff der Konziliarität am Ende der sechziger und zu Beginn der siebziger Jahre erlebt hat, ist eine Auswirkung von Konfliktvorgängen. Das Konzept der Konziliarität sollte ein ökumenisches Handlungsmodell vor allem angesichts folgender Konflikte anbieten:
a) Die Forderung nach erweiterter Mitwirkung der »Laien« in der Kirche, das Verlangen nach Demokratisierung der kirchlichen Strukturen, die Auseinandersetzungen zwischen den kirchlichen Institutionen und christlichen Initiativgrup-

pen verlangten nach einem neuen Konzept kirchlichen Handelns.
b) Die überlieferten Vorstellungen von kirchlicher Einheit waren in eine Krise geraten. Die Diskrepanz zwischen dem Skandal andauernder Trennung einerseits und der Beschwörung organischer Kirchenunion andererseits hatte eher lähmende als stimulierende Auswirkungen auf die Bemühungen, die getrennten Kirchen einander näherzubringen.
c) Gleichzeitig entstanden neue innerkirchliche Auseinandersetzungen. Auf dem Weg zur politischen Selbstbestimmung ihrer Länder machten die jungen Kirchen in den Ländern Asiens, Afrikas und Lateinamerikas ihr Recht auf eine ihnen gemäße Form christlichen Glaubens und Lebens geltend; das Programm der Einheimischmachung des Christentums in Afrika, Asien und Lateinamerika, das Programm also der »Indigenisation« wurde entwickelt. Nun stellte sich die Frage, wie diese neuen Differenzierungen christlicher Existenz, die durch geographische, geschichtliche und kulturelle Gegebenheiten bestimmt waren, zur Einheit der Kirche in Beziehung zu setzen seien.
d) Die Auseinandersetzungen um die politische Verantwortung der christlichen Gemeinde verschärften sich. Das »Programm zur Bekämpfung des Rassismus« hat auch darin Zeichencharakter, daß sich an ihm die Kontroverse um »Neutralität« oder »Parteilichkeit« der Kirche im Kampf um Gerechtigkeit besonders massiv artikulierte.
Die Reihe derartiger Konflikte läßt sich verlängern; im letzten Jahrzehnt hat zum Beispiel die Frage nach der Rolle der Frauen in der Kirche deutlich an Gewicht gewonnen. Doch es kommt hier nicht auf die Schilderung solcher Konflikte an, die jedem aus seiner eigenen Erfahrung vertraut sind. Wichtig ist in unserem Zusammenhang vielmehr folgendes: Das Konzept der Konziliarität hat darin seine Spitze, daß es ein der Existenz der Kirche gemäßes Modell kirchlichen Konfliktaustrags darstellen soll.

3. Der Streit um die Wahrheit in der ältesten Christenheit

Bei der Suche nach einem solchen Modell gewann das synodale Leben der Alten Kirche neue Aktualität. Denn die Lebensformen der frühen Christenheit sind von der grundlegenden Überzeugung bestimmt, daß der in Christus geschenkte Friede die Lebensverhältnisse in der christlichen Gemeinde und die Beziehungen zwischen den Gemeinden prägt. Die einzelne Gemeinde repräsentiert an ihrem Ort den Frieden Christi. Der Vorgang, in dem dieser Frieden Gestalt gewinnt, ist das Herrenmahl. Zum Herrenmahl kommen die verschiedenen Glieder der Gemeinde mit ihren verschiedenen Gaben (vgl. 1 Kor 12), die Starken und die Schwachen der Gemeinde (vgl. Röm 14 und 15) zusammen, um sich in all ihrer Verschiedenheit des gemeinsamen Grundes für ihr Leben im Glauben zu vergewissern. Diese Gemeinschaft des Herrenmahls ist die *Urkonziliarität* der Kirche[12]. Der kürzeste Ausdruck für diese Urkonziliarität ist das Wort Jesu, das im Matthäus-Evangelium überliefert wird:

»Wenn zwei oder drei über irgendeine Sache einig werden, um die sie beten wollen, so wird es ihnen von meinem Vater im Himmel gewährt werden. Denn wo zwei oder drei in meinem Namen versammelt sind, da bin ich in ihrer Mitte« (Mt. 18,19 f).

Die Gemeinschaft der Verschiedenen und die Gegenwart des Geistes Jesu sind die bestimmenden Merkmale der Konziliarität. Die »synodalen« Beratungen der Gemeinde, die versöhnende und richtende Funktion, die das Neue Testament der Gemeinde zuspricht (vgl. 1 Kor 5; Mt 18,15–17), haben ihren ursprünglichen Ort vermutlich in der eucharistischen Versammlung selbst; jedenfalls sind sie darauf gerichtet, die gestörte oder gefährdete Gemeinschaft des Herrenmahls wieder zu ermöglichen. Die Krise der eucharistischen Gemeinschaft ist der Grund des synodalen Akts in der Gemeinde. Auch für das konziliare Leben der einzelnen Gemeinde gilt, was für das konziliare Leben der Gesamtkirche zu sagen ist: »Die großen Stunden der synodalen Akte sind die großen Krisen der inneren Geschichte des Glaubens der Kirche.«[13]

Dem konziliaren Leben der einzelnen Gemeinde tritt alsbald die konziliare Beratung zwischen den Gemeinden zur Seite. Das klassische neutestamentliche Beispiel hierfür ist jene Zusammenkunft in Jerusalem, die zu Unrecht als »Apostelkonzil« bezeichnet wird (vgl. Apg 15; Gal 2). In dieser Zusammenkunft geht es um die Frage, ob und in welchem Maß kultische Vorschriften der jüdischen Tradition, vor allem die Beschneidung, auch für die Heidenmission bindend sein sollen. Darüber liegen die Gemeinden von Jerusalem und Antiochien im Streit; in dieser Kontroverse suchen sie Frieden. Ein akuter Notstand ist also der Anlaß für die Zusammenkunft. Die Gemeinde von Antiochia entsendet zur Behebung des Streits eine Delegation unter der Leitung von Paulus und Barnabas nach Jerusalem, die dort mit den Aposteln, den Ältesten und der Gemeinde eine Lösung suchen soll. Träger des Konzils sind also nicht allein die Apostel, sondern die Gemeinden. Ihr konziliares Leben ist die Voraussetzung des konziliaren Ereignisses, das in Jerusalem stattfindet. Die Einigung erfolgt unter Anrufung des Heiligen Geistes: Gemeinschaft zwischen den Streitenden entsteht im Vertrauen auf die Gegenwart des Geistes. Sie findet ihren Ausdruck im gemeinsamen Gottesdienst und in der Tischgemeinschaft (vgl. Gal 2,11 ff). Man darf sich den Vorgang nicht allzu harmonisch denken: es gab heftige Kontroversen und wohl auch Beschimpfungen (vgl. Gal 2,4); doch ebenso kennzeichnend ist es, daß die Versammlung still wurde und auf den Bericht des Paulus und des Barnabas hörte (Apg 15,12).

Konziliarität ereignet sich, wenn man in der Kontroverse auf die Wahrheit in der Position des anderen zu achten versucht. Das Ergebnis liegt dann in einer veränderten Wahrnehmung der Wahrheit, in einer Wahrheit, die verbindet, in einer verbindlichen Wahrheit. Man kann ein solches Ergebnis als Kompromiß bezeichnen, wenn man mit dem Wort »Kompromiß« nicht die Vorstellung verknüpft, daß er nur um den Preis der Wahrheit willen möglich sei. Auch das Ergebnis der Zusammenkunft in Jerusalem kann man einen Kompromiß nennen: Man anerkennt gemeinsam die Freiheit in der Mission; doch daß es sich wirklich um Freiheit handelt, soll sich darin zeigen, daß die Heidenchristen auf Forderungen Rücksicht nehmen, deren Übertretung für die Judenchristen ein unnötiges Ärgernis wäre. Auch die Heidenchristen sollen sich deshalb von Götzenopferfleisch, von Blutgenuß, von nicht ausgeblutetem Fleisch und von Unzucht fernhalten (Apg 15,29). Dieser Beschluß wird der Gemeinde in Antiochien durch einen Brief mitgeteilt, der durch Boten überbracht wird. Damit setzt der Prozeß der *Rezeption* des Ergebnisses ein: das Synodalschreiben wird der versammelten Gemeinde in Antiochia vorgelesen und von ihr dankbar aufgenommen (Apg 15,30 f).

Die Struktur, die uns hier entgegentritt, hat für die folgende Entwicklung der Alten Kirche erhebliches Gewicht. Besondere Bedeutung gewinnt der Austausch von Synodalschreiben etwa in den Auseinandersetzungen um den Ostertermin und die Praxis der Osterfeier während des zweiten und dritten Jahrhunderts. Doch schon in dieser Zeit bahnen sich Verschiebungen an, die vor allem mit der Einführung des Bischofsamts zusammenhängen. Die örtlichen Entscheidungen gehen nun an den Bischof und seine Berater, die Presbyter, über; die aktive Beteiligung der Gemeinde als des versammelten Volkes Gottes tritt in den Hintergrund. Innerhalb der einzelnen Provinzen erfolgt die Verständigung in Bischofssynoden. Die Konziliarität der Gemeinde geht damit in der repräsentativen Funktion der Bischöfe auf. Dies ist die Voraussetzung für die Gestalt, die die Reichskonzile seit Nicaea (325) angenommen haben.

Mit dem Übergang zu den Reichskonzilen vollzieht sich ein Schritt, den die Kirche auch nach dem »Ende des konstantinischen Zeitalters« nicht wird rückgängig machen können:

nun nämlich wird ausdrücklich anerkannt, daß der Frieden der Kirche, der durch die Konzile wieder hergestellt werden soll, unmittelbare Bedeutung für den Frieden und die Sicherheit des römischen Reichs hat. Der Zusammenhang zwischen kirchlichem und politisch-gesellschaftlichem Frieden ist seitdem ein Grundthema der Kirchengeschichte.
Auch in der Zeit der Reichskonzile bleiben aber Grundelemente der ursprünglichen Konziliarität erhalten. Trotz des geschilderten Übergangs auf die repräsentative Funktion der Bischöfe, trotz der Anpassung der Kirche an die politischen Formen des römischen Reichs bleibt Konziliarität eine Grundstruktur der Kirche. Denn »die Kirche existiert konziliar. Ohne Versammlung keine Kirche«[14]. Dies zeigt sich nun nicht mehr im bisherigen Umfang an den konziliaren Akten und Entscheidungen als solchen, sondern vor allem am Prozeß der Rezeption konziliarer Entscheidungen. Auch in der Zeit der Reichskirche wird die Auseinandersetzung mit den Konzilsbeschlüssen nicht einfach dadurch unterbunden, daß diese Beschlüsse autoritativ in Kraft gesetzt und vom Kaiser bestätigt sind. Vielmehr stellt sich auch in dieser Zeit die »kritische Konzilsrezeption . . . als ein theologischer Entscheidungsvorgang im Leben der Kirche dar, an dem der ›laos‹, Mönche und Laien aller Art, in einem erstaunlichen Umfang und mit eindrucksvoller Intensität beteiligt ist«[15].

4. Grundelemente der Konziliarität

Schon eine derartige Darstellung der altkirchlichen Entwicklung enthält unverkennbar ein Element der Stilisierung. Dennoch wollen wir diesen Prozeß noch einen Schritt weitertreiben und uns schematisierend die Grundelemente konziliarer Prozesse verdeutlichen[16].
a) Als Ausgangspunkt kann eine Formulierung von Hans Hermann Walz dienen: »Konziliarität als Haltung und später vielleicht auch einmal als Strukturmerkmal meint: das je für sich verantwortliche, aber auf den anderen aufmerksame

Nebeneinander, das kritische und nicht immer konfliktfreie Beieinander und das mit Gott in Jesus Christus versöhnte Füreinander der Verschiedenen in der Kirche«[17].

b) Konziliare Gemeinschaft hat ihre Mitte im *Gottesdienst* und in der Feier des *Herrenmahls*. Gottesdienst ist Befreiung zur Wahrheit; deshalb ist es in einer konziliaren Gemeinschaft nicht nur möglich, sondern auch notwendig, Gegensätze zu artikulieren statt sie zu verdrängen, den Streit um die Wahrheit auszutragen statt ihn zu unterdrücken. Im Herrenmahl feiert die Gemeinde die Gegenwart des versöhnenden Todes Jesu am Kreuz; Konziliarität entsteht aus dem Vertrauen in die Möglichkeit von Versöhnung. Versöhnung ist dabei nicht verstanden als harmonisierender Ausgleich von Gegensätzen; sondern in ihr verwandelt sich der Konflikt in eine Bewegung, die das Wachstum der Gemeinschaft fördert.

c) Konziliar ist eine Gemeinschaft, für die *Gottesdienst und alltägliches Leben* unlösbar zusammengehören. Der Gottesdienst ist nicht ein Geschehen, in dem die alltäglichen Konflikte verdrängt, sondern der Vorgang, in dem diese Konflikte vor Gott gebracht werden. Der Gottesdienst ist nicht die Weise, in welcher der Streit um die Wahrheit suspendiert wird, sondern die Quelle, kraft deren der Streit um die Wahrheit ausgetragen werden kann. Konziliar ist eine Gemeinschaft, die nicht einfach die Wahrheit in der Form von Satzwahrheiten zu besitzen meint, sondern die auf dem Weg von der Erkenntnis der Wahrheit zu neuer Erkenntnis der Wahrheit, also auf der Suche nach Wahrheit ist.

Der Prozeß der Konziliarität setzt einen zeitlichen Begriff der Wahrheit voraus. Für den christlichen Glauben gründet ein solcher zeitlicher Begriff der Wahrheit im Glauben an den dreieinigen Gott, der sich als Vater, Sohn und Heiliger Geist zu sich selbst in ein Verhältnis setzt. Dieser dreieinige Gott ist nicht ewige Gegenwart, sondern ein Gott im Werden. Deshalb kann man sagen: die wesenhafte Konziliarität der Kirche gründet in der Trinität Gottes[18].

d) Die konziliare Gemeinde hofft auf die *Gegenwart des*

Geistes. Sie rechnet deshalb mit neuen, weiterführenden Lösungen, die nicht notwendigerweise bereits in der vorgegebenen Konfliktkonstellation enthalten sind. Der Geist ist allen Gliedern der Gemeinde – in je verschiedener Weise – gegeben, damit sie ihn zum Besten der Gemeinschaft einsetzen (vgl. 1 Kor 12,7). Der Geist ist nicht der Besitz von Amtsträgern, sondern Gabe an die Gemeinde. Die *Bruderschaft* der Gemeinde ist damit Ausdruck der Konziliarität. Das Vertrauen auf die Gegenwart des Geistes hat also Folgen für das Verständnis kirchlicher Gemeinschaft und für den Aufbau kirchlicher Strukturen. Die Auffassung von einem starren Gegenüber zwischen Amt und Gemeinde ist nicht konziliar. Konziliar ist vielmehr die Vorstellung, die Kirche sei eine Gemeinschaft von Brüdern und Schwestern, denen jeweils verschiedene Aufgaben gegeben sind, darunter der Auftrag zur öffentlichen Verkündigung.

Die Kennzeichen der Kirche – die Verkündigung des Evangeliums und die Feier der Sakramente – sind demnach eingebettet in eine lebendige Gemeinde von Brüdern und Schwestern. In diesem Sinn verbindet sich das Kirchenverständnis des Augsburger Bekenntnisses von 1530 und der Barmer Theologischen Erklärung von 1934 miteinander. Mit diesen beiden Bekenntnistexten haben wir die Überlegungen dieses Buchs begonnen; wir wollen jetzt noch einmal zu ihnen zurückkehren.

Das Augsburger Bekenntnis sagt von der Kirche: »Es wird auch gelehrt, daß allezeit die eine, heilige, christliche Kirche sein und bleiben muß. Sie ist die Versammlung aller Gläubigen, bei denen das Evangelium rein gepredigt und die heiligen Sakramente dem Evangelium gemäß gereicht werden«. Die dritte These der Barmer Theologischen Erklärung verdeutlicht, was unter der »Versammlung aller Gläubigen« zu verstehen ist: »Die christliche Kirche ist die Gemeinde von Brüdern, in der Jesus Christus in Wort und Sakrament durch den Heiligen Geist als der Herr gegenwärtig handelt. Sie hat mit ihrem Glauben wie mit ihrem Gehorsam, mit ihrer Botschaft wie mit ihrer Ordnung mitten in der Welt

der Sünde als die Kirche der begnadigten Sünder zu bezeugen, daß sie allein sein Eigentum ist, allein von seinem Trost und von seiner Weisung in Erwartung seiner Erscheinung lebt und leben möchte.« Die Barmer Erklärung und das Konzept der Konziliarität haben den gleichen theologischen Ausgangspunkt: das Vertrauen auf die Gegenwart Jesu durch den Geist. Beide leiten daraus die bruderschaftliche – wir können vielleicht verdeutlichen: die zugleich solidarische und partizipatorische – Struktur der Gemeinde her. Das Konzept der Konziliarität betont deutlicher als die Barmer Erklärung, daß es diese solidarische und partizipatorische Struktur gerade im Konflikt zu bewähren gilt.
Konziliarität enthält die Verpflichtung zu dem andauernden Versuch, alle Glieder der Gemeinde in die Entscheidungen über Lebensfragen der Kirche einzubeziehen; sie enthält ferner die Verpflichtung zu dem Versuch, die repräsentativen Gremien der Kirche zu Vertretungskörperschaften der gesamten Kirche und aller ihrer Gruppen zu machen. Die konziliare Kirche ist nicht eine *Betreuungskirche*, sondern eine *Beteiligungskirche*.
e) Die Kirche Jesu Christi lebt konziliar. In ihr muß der Streit um die Wahrheit organisiert werden. Er muß so organisiert werden, daß *Entscheidungen* möglich sind. Deswegen verbinden sich in der Rechtsgestalt der Kirche Elemente der Partizipation und der Repräsentation miteinander. Wo die unmittelbare Beteiligung aller Betroffenen nicht mehr möglich ist, müssen dennoch Wege gefunden werden, um in den Lebensfragen der Kirche zu Entscheidungen zu kommen. Dem dienen die synodalen und konziliaren Zusammenkünfte in der Kirche. Im Vertrauen auf die Gegenwart des Geistes treffen sie Entscheidungen; doch sie halten diese Entscheidungen für künftige Revisionen offen. Denn sonst würden sie der Einsicht in den geschichtlichen Charakter der Wahrheit untreu.
f) Für den konziliaren Prozeß in der Alten Kirche ist, wie wir sahen, vor allem Folgendes kennzeichnend: Konziliare Entscheidungen wurden unter dem Vorbehalt der Zustim-

mung durch das ganze Volk Gottes getroffen. Dies ergibt sich aus der Überzeugung, daß der Geist Gottes allen Gliedern der Gemeinde gegeben ist. Deshalb bedürfen konziliare Entscheidungen der aktiven *Rezeption* durch die Gemeinden. Diese Rezeption hat zur Voraussetzung, daß gegenseitige Beratung ein Grundelement kirchlichen Lebens darstellt – und zwar nicht nur auf lokaler, regionaler und innerkonfessioneller Ebene, sondern auch zwischen verschiedenen Konfessionen und Regionen der Christenheit.

g) Die Kirche ist ihrem Wesen nach der zeichenhafte Anfang derjenigen Einheit und Gemeinschaft, die Gott der Menschheit in Jesus Christus schenkt und anbietet. Eine konziliare Kirche müßte eine ausstrahlende und ansteckende Kraft für die Gemeinschaft der Menschen inmitten ihrer *politischen und gesellschaftlichen Konflikte* entwickeln; sie müßte dazu ermutigen, daß diejenigen Konflikte artikuliert und ausgetragen werden, die von Macht und Angst nur zu leicht verdrängt werden; sie müßte sich zum stellvertretenden Fürsprecher derer machen, die nicht für sich selbst sprechen können. Gerade darin steht die Einheit der Kirche im Dienst an der Einheit der Menschheit und die Konziliarität der Kirche im Dienst an der Gemeinschaft der Menschen.

Ich habe sieben Grundelemente der Konziliarität hervorgehoben: Konziliarität meint das Nebeneinander, Beieinander und Füreinander der Verschiedenen in der Kirche; die Urkonziliarität der Kirche ist die Gemeinschaft des Gottesdienstes und die Feier des Herrenmahls; sie äußert sich darin, daß Gottesdienst und alltägliches Leben unlösbar zusammengehören; die Gemeinde lebt aus dem Vertrauen in die Gegenwart des Geistes und lebt deshalb als Gemeinschaft von Brüdern und Schwestern; sie organisiert den Streit um die Wahrheit so, daß Entscheidungen möglich werden; diese Entscheidungen werden nur durch die lebendige Rezeption der Gemeinden wirksam; die konziliare Gemeinde nimmt Anteil an den politischen und gesellschaftlichen Konflikten ihrer Gegenwart.

5. Konziliarität und Friedensfähigkeit

Die Frage, ob das Konzept der Konziliarität verheißungsvolle Ansätze für Friedensbeiträge der Christen und der Kirchen enthält, ist mit dieser Beschreibung allerdings keineswegs entschieden. Der Einwand liegt vielmehr nahe, daß die Behauptung, Konziliarität sei eine konstante Struktur der Kirche, eher ein Postulat als die Darstellung einer Realität ist. In der Differenz zwischen der Forderung nach Konziliarität und der Wirklichkeit kirchlichen Lebens würde sich dann die Differenz zwischen dem Friedensauftrag und der begrenzten Friedensfähigkeit der Kirche genau spiegeln.

Doch es genügt nicht, eine solche Differenz nur festzustellen; man muß nach ihren Gründen fragen. Erinnern wir uns deshalb noch einmal an ein wichtiges Merkmal der Konziliaritätstheorie! Sie trägt deutliche Kennzeichen einer Ursprungsideologie. Sie betrachtet bestimmte Charakteristika der ältesten christlichen Gemeinden als Normen für das gegenwärtige Leben der Kirche. Dabei wird die Geschichte der Kirche zwischen jener ältesten Zeit und unserer Gegenwart in der Regel mit Schweigen übergangen; würde man auf sie ausdrücklich zu sprechen kommen, so wäre die Versuchung groß, sie einzig und allein als eine Geschichte des Abfalls und der Verleugnung ursprünglicher Normen darzustellen. Damit aber bleibt auch die Frage ungestellt, welche geschichtlichen Faktoren eine Veränderung der ursprünglichen konziliaren Struktur herbeiführten.

Zu diesen Faktoren gehört der Umstand, daß das Christentum im römischen Reich aus einer Minderheitsreligion zu einer Mehrheits- und Staatsreligion wurde. Aus den überschaubaren kleinen Gemeinden, die miteinander konziliaren Austausch pflegen konnten, entwickelte sich eine »Weltkirche«. Diese versuchte, ihre eigene Identität durch die Abgrenzung gegenüber häretischen Strömungen zu wahren und durch den Ausbau konstanter Verfassungs- oder präziser: Herrschaftsstrukturen zu sichern.

Seit diesen epochalen Vorgängen ist die Kirche nicht mehr allein von *einem,* sondern zumindest von *zwei* Grundtypen des Handelns und der Organisation bestimmt. Durch die Überzeugung, daß die Konziliarität eine fundamentale Struktur der Kirche bildet, darf man sich nicht den Blick dafür verstellen lassen, daß in den kirchlichen Handlungs- und Verfassungsstrukturen sich verschiedene Grundtypen ausprägen, die oft miteinander im Streit liegen[19].
Dem Modell der *Konziliarität* entspricht, wie wir sahen, ein *kommunikatives* Handeln, das auf Einverständnis beruht und angesichts des Konflikts auf neues Einverständnis zielt; und diesem Modell entspricht zugleich eine *genossenschaftliche* Form der Organisation, die auf der prinzipiellen Gleichheit aller Mitglieder beruht und auf dieser Basis die unterschiedlichen Gaben der einzelnen zur Entfaltung bringen soll; der Begriff der Konziliarität zielt auf die *Beteiligungskirche,* die sich als Gemeinde von Brüdern und Schwestern versteht.
Neben das Modell der Konziliarität aber tritt das Modell der *Hierarchie.* Ihm entspricht ein *verfügendes* Handeln, das auf die Beherrschung und Kontrolle gesellschaftlicher Vorgänge (auch im Fall des Dissenses) zielt; aus ihm ergibt sich eine *obrigkeitliche* Organisation, für die ein unumkehrbares Machtgefälle zwischen den Mitgliedern den Ausgangspunkt bildet; ihm korrespondiert schließlich ein anstaltlicher Kirchenbegriff, nach dem die Kirche als Heilsanstalt wie als Organisation ihren Mitgliedern vorgeordnet ist und sich ihnen gegenüber als *Betreuungskirche* darstellt.
Auf der einen Seite Konziliarität: Kirche als »Versammlung«; auf der anderen Seite Hierarchie: Kirche als »heilige Herrschaft« – in der kirchlichen Wirklichkeit begegnen diese Typen nicht so rein, wie sie hier erscheinen. Vor allem lassen sich nicht alle Erscheinungsformen der Kirche auf sie zurückführen. So begegnet uns zum Beispiel heute in den jungen unabhängigen Kirchen in Afrika der Typ einer *charismatisch* organisierten Kirche: das dem heiligen Geist verdankte Charisma eines geistlichen Führers – zum Beispiel

des Simon Kimbangu und seiner Söhne bei den Kimbanguisten – bestimmt die Organisation der Kirche. An diese Beobachtung knüpft sich freilich gleich die Frage: läßt sich eine charismatische Struktur über Generationen hinweg bewahren oder verfestigt sie sich zur Hierarchie?
Der Hinweis auf charismatisch organisierte Kirchen zeigt aber in jedem Fall, daß die Gegenüberstellung zwischen Konziliarität und Hierarchie nur ein begrenztes Recht hat. In dieser eingeschränkten Bedeutung jedoch ist sie aufschlußreich. Das läßt sich an der Entwicklung der katholischen Kirche verdeutlichen. Die Entscheidung der katholischen Kirche für das Modell der Hierarchie kulminierte in dem Unfehlbarkeitsdogma des Ersten Vatikanischen Konzils von 1871. Die Erneuerungsbewegung, die in der katholischen Kirche durch Papst Johannes XXIII. eingeleitet wurde, versuchte demgegenüber die konziliaren Elemente des katholischen Kirchenverständnisses zu stärken. Daß der Streit zwischen der römischen Kurie und Hans Küng, der zu einem erheblichen Teil ein Streit um die päpstliche Unfehlbarkeit war, mit dem Entzug der missio canonica für Küng endete, ist ein Zeichen dafür, daß aufs neue das Modell der Hierarchie den Sieg über das Modell der Konziliarität davontrug.
Im Bereich des deutschen Protestantismus nimmt das Modell der Hierarchie traditionellerweise eine ganz andere Gestalt an: nämlich die Gestalt bürokratischer Herrschaft. Im System des landesherrlichen Kirchenregiments, das sich im Anschluß an die Reformation durchsetzte, ging die Leitung und Verwaltung der evangelischen Kirchen auf den Landesherrn und seine Behörden über: die evangelischen Kirchen wurden zu »Landeskirchen«. Erst im Lauf des 19. Jahrhunderts bildeten sich wieder relativ eigenständige kirchliche Leitungsorgane, die charakteristischerweise als »Kirchenbehörden« bezeichnet wurden; ihr Aufbau blieb weithin am Muster der Staatsbehörden orientiert. Ihnen traten Presbyterien und Synoden zur Seite, die die Kirchenmitglieder repräsentieren und vertreten sollten. Seitdem ist die Entwicklung

der evangelischen Kirchen durch die Spannung zwischen einer Behördenkirche, in der das konsistoriale Element überwiegt, und einer Gemeindekirche, in der das synodale Element stärker ausgeprägt ist, bestimmt.
Die Polarität zwischen Hierarchie und Konziliarität begegnet also in unterschiedlichen Formen sowohl in der katholischen wie auch in der evangelischen Kirche. Wie ist diese Polarität zu beurteilen? Einerseits ist unbezweifelbar, daß die christliche Tradition – trotz der häufig gegenläufigen Entwicklung der kirchlichen Institutionen – eine Tendenz zu bruderschaftlich-konziliaren Formen des Zusammenlebens und zu kommunikativem Handeln hat. Doch andererseits vermittelt sich die Kirche mit der sie umgebenden Gesellschaft gerade auch dadurch, daß sie Formen verfügenden Handelns und obrigkeitlich-bürokratischer Organisation übernimmt, die dauerhaften Bestand und gesellschaftliche Durchsetzungsfähigkeit zu gewährleisten scheinen. Nur Minderheitskirchen – und auch sie nur auf Zeit! – können den Mechanismus gesellschaftlicher Anpassung einfach ignorieren. Wo immer dagegen die Kirche sich in einer Gesellschaft auf Dauer einrichtet, nimmt sie den Charakter eines institutionalisierten Konflikts an. Denn sie bildet Verfassungsformen aus, die zumindest teilweise im Widerspruch zu ihrem ursprünglichen Auftrag und zu denjenigen Lebensformen stehen, die diesem Auftrag entsprechen[20]. Die Kirche beruft sich auf das Evangelium, das alle Formen von Selbstbehauptung und Herrschaft von Grund auf außer Geltung setzt; und sie institutionalisiert sich in Formen, die Elemente der Selbstbehauptung, der Bestandssicherung und der Herrschaft in sich enthalten.
Dieser institutionalisierte Konflikt kann nicht einfach durch Postulate aus der Welt geschafft werden; vielmehr gilt es, der Erfahrung der Differenz zwischen Auftrag und Struktur standzuhalten und an einer beständigen Transformation der kirchlichen Institutionen zu arbeiten. Den Begriff der Konziliarität muß man deshalb in Versuche umsetzen, die Differenz zwischen dem Auftrag der Kirche und ihrer Sozialge-

stalt zu verringern. Dies ist nur möglich, wenn man in der gegenwärtigen kirchlichen Wirklichkeit Ansatzpunkte aufspürt, von denen aus konziliare Prozesse in Gang gesetzt werden können. Dafür seien einige Beispiele genannt:

a) Die Chancen, die aktive Beteiligung aller Betroffenen auf der Ebene der Gemeinde und des Kirchenbezirks zu mobilisieren, könnten konsequent ausgenutzt werden; die verstärkte Beachtung von Dienstgruppen in der Gemeinde und das Modell des »kooperativen Kirchenbezirks« sind Beispiele dafür.

b) Versuche, die Gottesdienste zu »Vollversammlungen« der Gemeinde zu machen, könnten verfolgt werden; in solchen Vollversammlungen wäre jeweils über bestimmte Aktivitäten in der Gemeinde zu berichten und über begrenzte Probleme des Gemeindelebens eine Urteilsbildung herbeizuführen.

c) Wo immer möglich, sollte der Versuch unternommen werden, ökumenische Gemeinden zu bilden, die nach dem Grundsatz leben, alles gemeinsam zu tun, was gemeinsam unternommen werden kann, und das heißt: jeweils eigens zu begründen, warum bestimmte Aktionen getrennt durchgeführt werden müssen.

d) Die Erfahrungen von Initiativgruppen – zum Beispiel Friedensdiensten oder Initiativen für »Randgruppen« – könnten produktiv in den Prozeß kirchlicher Kommunikation eingebracht werden; einen Ansatzpunkt dazu bildet der »Markt der Möglichkeiten« bei den Evangelischen Kirchentagen.

e) Die politische Verantwortung der Kirche müßte in einen Prozeß aktiver Rezeption durch die Gemeinden eingebunden werden; so sind zum Beispiel kirchliche Denkschriften und Studien erst dann an ihr Ziel gekommen, wenn sie auf eine lebendige Resonanz in den Gemeinden gestoßen sind.

f) Ökumenische Entwicklungen sollten auf der Ebene der Gemeinden vermittelt werden – zum Beispiel durch Besuche zwischen Kirchen verschiedener Kontinente, durch Partnerschaft zwischen europäischen Gemeinden und kirchlichen

Projekten in Ländern der Dritten Welt und durch die inhaltliche Beschäftigung mit zentralen Themen ökumenischer Konferenzen.

g) Auf lokaler und regionaler Ebene sollten »Christenräte« beziehungsweise »Arbeitsgemeinschaften christlicher Kirchen« gebildet werden; wo sie bestehen, sollten ihre Aktivitäten verstärkt werden. Diese Aktivitäten sollten deutlich machen, daß christliches Handeln wesentlich gemeinsames, ökumenisches Handeln ist.

h) Dies alles müßte dahin führen, daß die getrennten Konfessionen gemeinsamen Gottesdienst und gemeinsame Feier des Herrenmahls als selbstverständlichen Ausdruck ihrer konziliaren Gemeinschaft akzeptieren.

Dies sind nur Beispiele. Man muß bescheiden und anspruchsvoll zugleich sein, um in solchen möglichen Entwicklungen Schritte zu einer größeren Friedensfähigkeit der Christen und der Kirchen zu sehen. Nur soweit es gelingt, daß Christen ihr eigenes Zusammenleben konziliar gestalten und den Streit um die Wahrheit in einer Weise austragen, die Einheit möglich macht, können sie glaubwürdig für die Erhaltung und Förderung des Friedens in der Gesellschaft und zwischen den Staaten eintreten. Wenn sie es lernen, den Streit um die Wahrheit ökumenisch auszutragen, besteht die Hoffnung, daß ihre Fähigkeit zum Frieden wächst.

Anmerkungen

Anmerkungen zu Kapitel I

1. Dieses Kapitel geht auf das Referat zurück, das ich bei der Konsultation der EKD über »Theologische Grundsatzfragen im Verhältnis zwischen EKD und Ökumene« im September 1979 in Arnoldshain gehalten habe. Der ursprüngliche Text ist in der epd-Dokumentation Nr. 46/79 wiedergegeben.
2. Die Basis des ÖRK heißt: »Der Ökumenische Rat der Kirchen ist eine Gemeinschaft von Kirchen, die den Herrn Jesus Christus gemäß der Heiligen Schrift als Gott und Heiland bekennen und darum gemeinsam zu erfüllen trachten, wozu sie berufen sind, zur Ehre Gottes des Vaters, des Sohnes und des Heiligen Geistes.«
3. L. Vischer (Hrsg.), Die Einheit der Kirche. Material der ökumenischen Bewegung, München 1965, 159 f.
4. Ebenda 251 ff.
5. Im zitierten Text steht irrtümlicherweise »die«.
6. Ökumenische Rundschau 14 (1965) 142, 144.
7. Vgl. hierzu ausführlicher W. Huber, Kirche, Stuttgart 1979, 32 ff.
8. E. Lange, Die ökumenische Utopie oder Was bewegt die ökumenische Bewegung?, Stuttgart 1972, 90.
9. K. Barth, Kirchliche Dogmatik IV/1, 756.
10. Ökumenischer Studienausschuß der VELKD, Kirche im Zeichen der Einheit, Göttingen 1979, Ziffer 195. – Vgl. zu diesem Problemkreis zuletzt U. Duchrow, Konflikt um die Ökumene. Christusbekenntnis – in welcher Gestalt der ökumenischen Bewegung?, München 1980, bes. 164 ff.
11. K. Barth, aaO. 756.
12. Vgl. D. Bonhoeffer, Was ist Kirche?, in: Gesammelte Schriften III, 286 ff.
13. Der Ausdruck stammt aus dem ökumenischen Studienprojekt »Einheit der Kirche – Einheit der Menschheit«; vgl. G. Müller-Fahrenholz, Einheit in der Welt von heute, Frankfurt 1978, 86.
14. Ich variiere hier G. Ebelings Formulierung, die Theologie sei eine »Sprachlehre des Glaubens«: Einführung in theologische Sprachlehre, Tübingen 1971, 226 ff.
15. Vgl. D. Bonhoeffer, Widerstand und Ergebung, Neuausgabe München 1970, 415 und dazu W. Huber, Wahrheit und Existenzform. Anregungen zu einer Theorie der Kirche bei Dietrich Bonhoeffer, in: E. Feil / I. Tödt

(Hrsg.), Konsequenzen. Dietrich Bonhoeffers Kirchenverständnis heute, München 1980.

16. epd-Dokumentation 6/79, 19.

17. Vgl. z. B. W. Künneth / P. Beyerhaus (Hrsg.), Reich Gottes oder Weltgemeinschaft?, Bad Liebenzell 1975; P. Beyerhaus / U. Belz (Hrsg.), Ökumene im Spiegel von Nairobi, Bad Liebenzell 1976; P. Beyerhaus, Varianten oder Alternative?, in: Ökumenische Rundschau 26 (1977).

18. Vgl. E. Wilkens, Das Kreuz des Südens. Bedenken gegen den Südafrika-Kurs des Ökumenischen Rates, in: Evangelische Kommentare 12 (1979) 331 ff (331).

19. Potter hat von dieser Veränderung auch schon in dem ersten Bericht gesprochen, den er im Jahr 1973 vor dem Zentralausschuß des ÖRK als Generalsekretär abgegeben hat; vgl. Wissenschaft und Praxis in Kirche und Gesellschaft 63 (1974) 134.

20. Vgl. Müller-Fahrenholz, aaO. 97 ff.

21. Vgl. K. Barth, Kirchliche Dogmatik IV/3, 2. Hälfte, 872.

22. Ebenda 880 ff.

23. Ich knüpfe damit an die Verhältnisbestimmung von Arkandisziplin und Weltlichkeit bei D. Bonhoeffer an; vgl. meine Interpretation in: Wahrheit und Existenzform, aaO.

24. Genf, August 1978, vervielfältigt, 7, zitiert nach epd-Dokumentation 6/79, 36.

25. Vgl. das Fragment von D. Bonhoeffer, Der Blick von unten, in: Gesammelte Schriften II, 441.

26. Künneth/Beyerhaus, Reich Gottes oder Weltgemeinschaft?, aaO. 26.

27. Vgl. G. M. Martin, Hoffnung weltweit, Frankfurt 1979, 36.

28. epd-Dokumentation 7/79, 39, 42.

29. Vgl. die »Hintergrundinformation zur Lage im Südlichen Afrika«, die dem Zentralausschuß in Kingston 1979 vorgelegt wurde, in: epd-Dokumentation 6/79, 39.

30. Ökumenische Rundschau 28 (1979) 43 ff (45).

31. epd-Dokumentation 36a/79, 4.

32. Beschluß der Synode der EKD zum Gespräch mit dem ÖRK, Bethel 1978.

33. Memorandum der gemeinsamen Konferenz der Kirchen für Entwicklungsfragen zu UNCTAD IV, in: Die Denkschriften der Evangelischen Kirche in Deutschland Bd. 1/1, Gütersloh 1978, 189 ff; Memorandum der gemeinsamen Konferenz der Kirchen für Entwicklungsfragen zu UNCTAD V, 1979.

34. Erklärung der Nordelbischen Kirchenleitung zur Lage im Südlichen Afrika, zitiert nach: Deutsches Allgemeines Sonntagsblatt, 9. September 1979, 10.

35. Allafrikanische Kirchenkonferenz, Erklärung zum Programm zur Bekämpfung des Rassismus aus Anlaß der Zentralauschußtagung in Kingston/ Jamaica im Januar 1979, in: epd-Dokumentation 6/79, 61.

36. D. Bonhoeffer, Das Wesen der Kirche (Vorlesung 1932), in: Gesammelte Schriften V, 227 ff (232).

37. Arbeitsergebnis des Rates der EKD zum Thema »Kirche zwischen Auftrag und Erwartung« (Vorlage für die EKD-Synode, 1975), in: R. Schloz (Bearb.), Thema: Volkskirche. Ein Arbeitsbuch für die Gemeinde, Gelnhausen 1978, 205.

38. D. Bonhoeffer, Zur theologischen Begründung der Weltbundarbeit (Thesen), in: Gesammelte Schriften I, 159.

39. Vgl. D. Bonhoeffer, Die Kirche vor der Judenfrage, in: Gesammelte Schriften II, 44 ff (46 ff).

Anmerkungen zu Kapitel II

1. Der folgende Text geht (mit Ausnahme des 4. Abschnitts) auf einen Beitrag zu einer Tagung der Evangelischen Akademie Bad Boll zurück. Das Thema der Tagung, die dem Gespräch mit dem südafrikanischen Theologen Allan A. Boesak gewidmet war, hieß: »Schwarze Theologie – eine Theologie, die auf die südafrikanische Situation antwortet und den ökumenischen Dialog sucht.« Die Tagung war für den Januar 1978 geplant, konnte aber erst im Januar 1979 durchgeführt werden. Die Beiträge der Tagung sind im Materialdienst der Evangelischen Akademie Bad Boll Nr. 1/79 dokumentiert. Die ursprüngliche Fassung meines Beitrags ist in der Festschrift zum 60. Geburtstag von H. E. Tödt: Schöpferische Nachfolge, hrsg. von Chr. Frey und W. Huber (Texte und Materialien der Forschungsstätte der Evangelischen Studiengemeinschaft, Reihe A, Nr. 5), Heidelberg 1978 veröffentlicht. – Die grundlegenden auf Deutsch erschienenen Arbeiten zur südafrikanischen Schwarzen Theologie, auf die im Folgenden durchgängig Bezug genommen wird, sind: I. Tödt (Hrsg.), Theologie im Konfliktfeld Südafrika. Dialog mit Manas Buthelezi (Studien zur Friedensforschung, 15), Stuttgart/München 1976, sowie A. A. Boesak, Unschuld, die schuldig macht. Eine sozialethische Studie über Schwarze Theologie und Schwarze Macht, Hamburg 1977.

2. D. Bonhoeffer, Zur theologischen Begründung der Weltbundarbeit (Vortrag), in: Gesammelte Schriften I, 140 ff (140).

3. Evangelische Kommentare 10 (1977) 146–148.

4. Vgl. G. Picht, Einleitung, in: G. Picht / E. Rudolph (Hrsg.), Theologie – was ist das?, Stuttgart 1977, 30–37.

5. G. Howe / H. E. Tödt, Frieden im wissenschaftlich-technischen Zeitalter, Stuttgart 1966, bes. 38 ff.

6. Erinnert sei bei dieser Gelegenheit an einen Satz von Walter Dirks aus

dem Jahr 1953: »Unsere Urenkel in der einen Welt werden unter anderem auch die Erben chinesischer Überlieferung sein – manche Missionare wissen das bereits« (W. Dirks, Politische Bildung, in: Offene Welt 28 (1953) 38).

7. P. Richard, Lateinamerikanische Theologie der Befreiung – ein kritischer Beitrag zur europäischen Theologie, in: Europäische Theologie – herausgefordert durch die Weltökumene (epd-Dokumentation 18/76, 19).

8. Vgl. oben Anm. 1.

9. Ph. Potter (Hrsg.), Das Heil der Welt heute. Dokumente der Weltmissionskonferenz Bangkok 1973, Stuttgart 1973, 181.

10. AaO. 182.

11. Vgl. F. Houtard, Südafrikas Schwarze Theologie in soziologischer Sicht, in: I. Tödt, Theologie im Konfliktfeld Südafrika, 178 u. ö.

12. Der folgende 4. Abschnitt geht auf einen Beitrag zurück, der unter dem Titel: Ökumenische Perspektiven zum Thema »Religion des Volkes« in dem Sammelband: K. Rahner / Chr. Modehn / M. Göpfert (Hrsg.), Volksreligion – Religion des Volkes, Stuttgart 1979, 165 ff erschienen ist; dort finden sich auch weitere Informationen und Literaturangaben zum Thema.

13. Vgl. zu diesen Zusammenhängen K. Scholder, Die Kirchen und das Dritte Reich, Bd. I, Berlin 1977, 93 ff, 124 ff u. ö.

14. D. Bonhoeffer, Finkenwalder Homiletik, in: Gesammelte Schriften IV, 252.

15. Siehe Anm. 15 zu Kapitel I.

16. Vgl. W. Huber, Welche Volkskirche meinen wir? Über Herkunft und Zukunft eines Begriffs, in: Lutherische Monatshefte 14 (1975) Sp. 481 ff; ders., Kirche, Stuttgart 1979, 169 ff u. ö.

17. Vgl. W. Lohff / L. Mohaupt (Hrsg.), Volkskirche – Kirche der Zukunft?, Hamburg 1977.

18. D. Rößler, Die Institutionalisierung der Religion, in: Lohff/Mohaupt, aaO. 41 ff (68).

19. G. P. Süss, Volkskatholizismus in Brasilien, Mainz/München 1978.

20. Vgl. W. Lienemann, Schwarze Theologie versus moderne Gesellschaft, in: I. Tödt, Theologie im Konfliktfeld Südafrika, 199 ff.

21. A. A. Boesak, Unschuld, die schuldig macht, aaO. 179.

22. Vgl. zur Revision geläufiger Interpretationen H. E. Tödt, Glauben in einer religionslosen Welt. Muß man zwischen Barth und Bonhoeffer wählen?, in: H. Pfeifer (Hrsg.), Genf '76. Ein Bonhoeffer-Symposion, München 1976, 98 ff.

23. M. Buthelezi, in: I. Tödt, aaO. 40.

24. Ein von Ernst Lange häufig verwendeter Ausdruck; vgl. z. B. E. Lange, Bildung als Problem und als Funktion der Kirche, in: J. Matthes (Hrsg.), Erneuerung der Kirche. Stabilität als Chance?, Gelnhausen 1975, 190 u. ö.

25. K. Marx, Frühschriften, hrsg. v. S. Landshut, Stuttgart 1968, 341.

26. J. Moltmann, Theologie der Hoffnung, 1. Aufl., München 1964, 74.
27. J. Miguez Bonino, Theologie im Kontext der Befreiung, Göttingen 1977, 77; vgl. J. Moltmanns offenen Brief an Miguez Bonino, in: Europäische Theologie, herausgefordert durch die Weltökumene, aaO. 102 ff.
28. P. Richard, Lateinamerikanische Theologie der Befreiung, aaO. 27 ff.

Anmerkungen zu Kapitel III

1. Der folgende Text geht auf Vorträge zurück, die ich in unterschiedlicher Form bei einer Tagung der evangelischen Militärseelsorge, vor schweizerischen Hochschulgemeinden und zuletzt im November 1979 in der Theologischen Fakultät der Universität Göttingen gehalten habe. In Abschnitt 4 nehme ich Überlegungen wieder auf, die ich bei der Militarismus-Konsultation des ÖRK in Glion im November 1977 vorgetragen habe (vgl. die Zusammenstellung der Berichte und Referate in epd-Dokumentation Nr. 22–23/1978 sowie die englische Veröffentlichung in: J.-A. Viera Gallo, The Security Trap. Arms Race, Militarism and Disarmament. A Concern for Christians, Rom 1979, 163 ff). Zum Thema vgl. auch W. Huber / G. Liedke (Hrsg.), Christentum und Militarismus (Studien zur Friedensforschung, 13), Stuttgart/München 1974.
2. The Commission of Churches on International Affairs 1947–49, London / New York o. J., 3; vgl. u. a. H.-J. Benedict, Von Hiroshima bis Vietnam. Eindämmungsstrategie der USA und ökumenische Friedenspolitik, Neuwied 1973; D. Hudson, The World Council of Churches in International Affairs, Leighton Buzzard 1977; zum weiteren Zusammenhang auch J. Bopp, Unterwegs zur Weltgesellschaft. Die Ökumene zwischen westlichem Führungsanspruch und universaler Verantwortung, Stuttgart 1971; H. E. Tödt, Theologie und Völkerrecht, in: G. Picht / C. Eisenbart, Frieden und Völkerrecht, Stuttgart 1973, 13 ff (114 ff).
3. Die Unordnung der Welt und Gottes Heilsplan, Bd. IV: Die Kirche und die internationale Unordnung, Genf 1948, 260 f.
4. Ein vorläufiges Studiendokument über das Thema »Christen und die Verhütung des Krieges im Atomzeitalter – Eine theologische Diskussion«, Vervielfältigung der Studienabteilung des ÖRK, Genf 1958.
5. Die Unordnung der Welt und Gottes Heilsplan, Bd. III: Die Kirche und die Auflösung der gesellschaftlichen Ordnung, Genf 1948, 233 f.
6. Vgl. Faith, Science and the Future, Genf 1978, das Studiendokument über Fragen der gerechten, partizipatorischen und lebensfähigen Gesellschaft vom Januar 1979 (vgl. Anm. 28 zu Kapitel I) sowie die Ergebnisse der Weltkonferenz für Kirche und Gesellschaft im Juni 1979 in Boston/USA, in: Faith and Science in an unjust world. Report of the World Council of

Churches' Conference on Faith, science and technology, Bd. I und II, Genf 1980.

7. Bericht aus Nairobi 75, Frankfurt 1976, 192.

8. Vgl. die Dokumente Nr. 10 und Nr. 40 von der Sitzung des Zentralausschusses des ÖRK in Kingston/Jamaica vom Januar 1979.

9. Von der »gerechten Rebellion« spricht das Hintergrundpapier »Südafrika – Hoffnung um welchen Preis?« des Programms zur Bekämpfung des Rassismus des ÖRK vom Dezember 1977; vgl. dazu W. Huber / Chr. und W. Lienemann, Auswertung der Stellungnahmen zu dem Hintergrundpapier »Südafrika – Hoffnung um welchen Preis?«, in: epd-Dokumentation 6/79, 53 ff.

10. C. F. von Weizsäcker, Gefahren der Rüstung in den achtziger Jahren, in: Die Zeit Nr. 47 vom 16. November 1979, 9 f (10).

11. Vgl. den Nachweis in C. F. von Weizsäcker (Hrsg.), Kriegsfolgen und Kriegsverhütung, München 1971.

12. Vgl. Weizsäcker, Gefahren der Rüstung, aaO. 9.

13. H. Afheldt, Verteidigung und Frieden. Politik mit militärischen Mitteln, München 1976; vgl. auch E. Spanocchi / G. Brossolet, Verteidigung ohne Schlacht, München 1976.

14. Vgl. H.-R. Reuter, Die Bergpredigt als Orientierung unseres Menschseins heute, in: Zeitschrift für evangelische Ethik 23 (1979) 84 ff (95); vgl. zum Folgenden vor allem: P. Ricoeur, Staat und Gewalt, in: ders., Geschichte und Wahrheit, München 1974, 232–248. Den Hinweis auf diesen Aufsatz verdanke ich W. Lienemann.

15. Ricoeur, aaO. 234.

16. Gewalt und Gewaltanwendung in der Gesellschaft (Thesenreihe der Kammer für öffentliche Verantwortung der EKD), in: Die Denkschriften der Evangelischen Kirche in Deutschland, Bd. 1/2, Gütersloh 1978, 61 ff (72).

17. Ricoeur, aaO. 245.

18. G. Howe (Hrsg.), Atomzeitalter – Krieg und Frieden, Frankfurt/Berlin 1963, 225 ff (231, 230).

19. Vgl. G. Theißen, Soziologie der Jesusbewegung, München 1977.

20. Vgl. E. W. Russell, Christentum und Militarismus, in: Huber/Liedke, Christentum und Militarismus, aaO. 21 ff.

21. Vgl. dazu zuletzt die gemeinsame Erklärung des Rates der EKD und der Deutschen Bischofskonferenz »Grundwerte und Gottes Gebot«, Gütersloh/Trier 1979 sowie G. Gorschenek (Hrsg.), Grundwerte in Staat und Gesellschaft, München 1977.

22. Vgl. den Beitrag von Comblin in dem Dossier: Preparatory Materials for the Consultation on Militarism, Genf: Kommission der Kirchen für internationale Angelegenheiten, hektogr. 1977.

23. E. Lange, Bildung als Problem und als Funktion der Kirche (vgl. Anm. 24 zu Kap. II) 204.

24. Der Begriff der »Disziplin« ist ein Schlüsselbegriff der ökumenischen Studie über »Christen und die Verhütung des Krieges im Atomzeitalter« von 1958 (vgl. Anm. 4); ich variiere im Folgenden die dort (vor allem in Ziffer 26 ff) genannten Kennzeichen dieser christlichen »Disziplin«.
25. Vgl. die Beschlüsse der Pugwash-Konferenz vom Juli 1979 in Mexiko und dazu den Bericht von H. G. Brauch in: DGFK-Informationen 2/79, 32 ff. sowie die Empfehlungen der »Nord-Süd-Kommission«: Das Überleben sichern. Gemeinsame Interessen der Industrie- und Entwicklungsländer, Köln 1980, 149 ff.
26. Vgl. A. Künzli, Abrüstungskontrolle durch das Volk, in: Gewerkschaftliche Monatshefte, Februar 1962; Ch. Potyka, Rüstungskontrolle als Zivilisationsprozeß und Öffentlichkeit, in: E. Forndran / P. J. Friedrich (Hrsg.), Rüstungskontrolle und Sicherheit in Europa, Bonn 1979, 301–312.
27. Vgl. Weißbuch 1979: Zur Sicherheit der Bundesrepublik Deutschland und zur Entwicklung der Bundeswehr, Bonn 1979, 61.

Anmerkungen zu Kapitel IV

1. Die Grundlage des folgenden Kapitels ist ein Referat, das ich bei einem Studienkurs für die Leiter von Pastoralkollegs im Bereich der EKD im März 1976 in Görwihl gehalten habe. Die Tagung hatte das Thema: »Frieden – Konflikt – Konziliarität«.
2. Belege: W. Huber / J. Schwerdtfeger, Möglichkeiten und Grenzen des Friedenshandelns von Kirchen und christlichen Gruppen, in: dies. (Hrsg.), Kirche zwischen Krieg und Frieden. Studien zur Geschichte des deutschen Protestantismus, Stuttgart 1976, 543 ff (549).
3. Vgl. E. Lange, Die ökumenische Utopie oder Was bewegt die ökumenische Bewegung?, Stuttgart 1972, 214.
4. Konzile und die ökumenische Bewegung (Studien des Ökumenischen Rates, 5), Genf 1968, 9 f.
5. Bericht aus Uppsala 68, Genf 1968, 14.
6. K. Raiser (Hrsg.), Löwen 1971 (Beiheft zur Ökumenischen Rundschau 18/19), Stuttgart 1971, 227. – H. Mühlen, Morgen wird Einheit sein. Das kommende Konzil aller Christen: Ziel der getrennten Kirchen, Paderborn 1974, 35 unterscheidet im Blick auf diese beiden Aspekte zwischen »ekklesialer« und »konziliarer« Konziliarität; mir scheint diese Terminologie nicht günstig zu sein.
7. Zum einzelnen: K. Raiser, Für die ganze Menschheit. Ein universales Konzil als Leitbild für die ökumenische Bewegung?, in: Evangelische Kommentare 4 (1971) 308 ff.

8. Raiser, Löwen 1971, aaO. 226 f; dazu ausführlich E. Lange, Die ökumenische Utopie, aaO. bes. 177 ff.
9. R. Groscurth (Hrsg.), Wandernde Horizonte – auf dem Weg zu kirchlicher Einheit, Frankfurt 1974, 159 ff (164 f).
10. G. Müller-Fahrenholz (Hrsg.), Accra 1974 (Beiheft zur Ökumenischen Rundschau, 27), Korntal 1975, 61 ff (67).
11. Bericht aus Nairobi 75, Frankfurt 1976, 25 ff (26 f).
12. Ich verwende den Begriff der »Urkonziliarität« anders, als es in der Studie »Konziliarität und Konzil« geschieht, die 1974 von einer Studiengruppe des Deutschen Ökumenischen Studienausschusses veröffentlicht wurde, in: R. Boeckler (Hrsg.), Interkommunion – Konziliarität (Beiheft zur Ökumenischen Rundschau, 25), Korntal 1974, 128 ff (135). Dort ist von der Urkonziliarität des alttestamentlichen Gottesvolks die Rede. So wie oben im Text ist der Begriff der »Urkonziliarität« dagegen verwendet bei J. D. Zizioulas, Die Entwicklung konziliarer Strukturen bis zur Zeit des ersten ökumenischen Konzils, in: Konzile und die ökumenische Bewegung, 34 ff.
13. W. Küppers, Rezeption. Prolegomena zu einer systematischen Überlegung, in: Konzile und die ökumenische Bewegung, 81 ff (87).
14. J. Moltmann, Kirche in der Kraft des Geistes, München 1975, 337, Anm. 27.
15. Küppers, Rezeption, aaO. 90 f.
16. Vgl. v. a. K. Raiser, Konziliarität – die Disziplin der Gemeinschaft, in: Zeitschrift für Evangelische Ethik 16 (1972) 371 ff, an den ich mich im Folgenden weithin, z. T. nahezu wörtlich anschließe; außerdem: L. Vischer, Die Kirche als konziliare Bewegung, in: J. R. Nelson / W. Pannenberg (Hrsg.), Um Einheit und Heil der Menschheit, Frankfurt 1973, 235 ff; R. Frieling, Konziliare Gemeinschaft, in: Groscurth, Wandernde Horizonte, aaO. 137 ff.
17. H. H. Walz, Sinn der Konziliarität, in: Lutherische Monatshefte 14 (1975) Sp. 289.
18. Vgl. dazu v. a.: Y. Congar, Konzil als Versammlung und grundsätzliche Konziliarität der Kirche, in: Gott in Welt, Festgabe für K. Rahner, Freiburg 1964, 135 ff (bes. 143 ff). Darauf, daß in diesem Aufsatz bereits vor den entsprechenden Arbeiten des ÖRK der Gedanke der »grundsätzlichen Konziliarität der Kirche« ausgesprochen ist, sei wenigstens hingewiesen.
19. Vgl. Huber/Schwerdtfeger, Möglichkeiten und Grenzen des Friedenshandelns, aaO. 545 f.
20. Vgl. E. Lange, Bildung als Problem und als Funktion der Kirche (vgl. Anm. 24 zu Kap. II), 200.

Ulrich Duchrow

Konflikt um die Ökumene

Christusbekenntnis – in welcher Gestalt der ökumenischen Bewegung? 340 Seiten. Kst.

»Es ist zu hoffen, daß die Analyse, die hier geboten wird, zu einer lebhaften Auseinandersetzung in den lutherischen Kirchen führen wird, ja daß sich auch die Kirchen anderer Traditionen dadurch zu einer neuen Besinnung über das Verhältnis ihrer internationalen Organisationen zur Una Sancta anregen lassen.«

Dr. Lukas Vischer

Konsequenzen

Dietrich Bonhoeffers Kirchenverständnis heute. (IBF 3) Hrsg. v. Ernst Feil und Ilse Tödt. Mit Beiträgen von Eberhard Bethge, Georges Casalis, Ulrich Duchrow, André Dumas, Heinz Joachim Held, Wolfgang Huber, Gaetano Latmiral und Ferdinand Schlingensiepen. Ca. 200 Seiten. Kst.

Eine neue Wirkungskraft Dietrich Bonhoeffers – durch zeitliche Distanz ermöglicht und gefordert – wird in diesem Band offenkundig.

Walter J. Hollenweger

Erfahrungen der Leibhaftigkeit

Interkulturelle Theologie I. 384 Seiten, Kst.

Ein Seminar für interkulturelle Theologie, das nicht mit abstrakten Begriffen operiert, sondern den Stoff eher erzählend in einer Kette von Fallbeschreibungen konkretisiert. Ein knapper Vorspann zu jedem Arbeitsfeld macht deutlich, was für ein Lernschritt jeweils unternommen wird.

CHR. KAISER VERLAG